行正り香のインテリア

心地よく暮らすためのルールとアイディア

RIKA'S INTERIOR

はじめに INTRODUCTION 美しいインテリアとの出会い

私のインテリアヒストリー

大きくなるまで、私は小さなアパートという空間に住んでいました。子ども部屋と呼べるような部屋もなく、中学２年生までは妹とタンスが並ぶ部屋にお布団をしいて寝ていました。でも「狭い」と感じたことはありませんでした。おそらく母が工夫をして、狭い空間が広く見えるよう、同じ白木素材の食器棚とテーブルを選んだりして、統一感のある「おしゃれな空間」を演出してくれていたからだと思います。

その後、初めて自分の部屋をもらうことになり、母が壁紙を選ばせてくれました。選んだのは白地にアイボリーの白樺模様が描かれたもの。妹はフローリングにしましたが、私は畳が好きだったので、壁紙に畳という変な組み合わせにして、初めて自分の空間を持ちました。でも、それまで狭いところでいっしょに住んできた私たちは、気がつけば結局、４畳半の茶の間に全員集合をしていました。そこで父は仕事をし、母は楽譜を読み、妹は漫画を見て笑い、私は高校受験の勉強をしていました。インコと文鳥、そして雑種犬のローラもその狭い部屋にいました。お互い「うるさいなー」と文句を言いながらもいっしょに過ごし、むしろ狭かったからこそ、会話も多い家族だったのだと思います。

高校３年生でアメリカに留学することになり、ホストファミリーに自分の部屋を与えていただきましたが、やはり寝るまでの時間はずっと、リビングルームでおしゃべりをして毎日を過ごしました。自分の家族と、ホストファミリーと、この２つの家族での体験が、その後「人が集まる空間」を一番大切にする私の生活の基本になったのかもしれません。

RODUCTION

アメリカでの出会い

留学先のアメリカでは、ホームパーティーがたくさんありました。私はそこでたくさんの家を見るチャンスに恵まれました。多くのアメリカ人は、家という空間を家族だけが使う場所ではなく、友人が集まるオープンスペースとして活用し、とてもきれいにしていることは大発見でした。週末にパーティーのあるときなどは、家族全員で掃除をしていたものです。家の建築にもいろんなスタイルがありましたが、インテリア(内装)にもさまざまなスタイルがあることを学びました。モダン、クラシック、フォーマル、カントリー。友人の家でいろんな家具を見て、そのスタイルの違いを発見し、改めて自分のホストファミリーの家が「アメリカンクラシックタイプ」なのだと気がつきました。

家具についてお母さんに聞いてみると、「私はイーセン・アーレンが好きだから(Ethan Allen／アメリカの家具ブランド)、大きな家具は、同じスタイルのものを少しずつ買いそろえていったのよ」と教えてくれました。なるほど、と思いました。日本人のように引っ越ししたから、とりあえず空間にフィットする家具をそろえてしまうのではなく、好きな家具や木の材質を決めて統一していくんだな、しかも家具は彼らにとって一生の買い物なんだな、と学びました。興味がわいたので、ソファーを選ぶときにカタログを見せてもらったり、いっしょにイーセン・アーレンのお店に連れていってもらったりしました。数々の美しい家具や空間との出会いは、その後の私に大きな影響を与えたに違いありません。

はじめはダイニングテーブルから

美しい家を見て、すぐに美しい家に住めるかというと、そんなに都合よくはありません(笑)。大学3～4年生では寮生活で6畳ほどの部屋を2人でシェア、社会人になってから6年間は、ワンルームマンションでの生活です。でもその小さな空間を、どうやったらお金をかけずに素敵にできるか、いろんな工夫をしていました。インドの刺繍レースを買ってベッドにかけたり、花を一輪生けたり、コーヒーカップだけは贅沢をしようと、アラビアフィンランドを手に入れたりしていました。テーブルはワインボックスと板を重ねてつくっていました。どんなに小さな空間であっても、自分の小さな工夫で空間が生まれ変わるのが嬉しくて、いろんなことにトライしていました。

インテリアというものを意識し始めて10年後、少しだけ広い空間に住むようになり(初めて料理の本を出した年でもあります)、最初に考えたのは、やはりホストファミリーのお母さんが言っていたように「ダイニングテーブルを中心に考える」ということでした。どんな素材の木で、どれくらいの大きさのものを買うか?　長い時間をかけて悩み抜きました。そして「ベッドは買わないで、ひとまずマットレスだけにする。その代わり4人ではなく6人が座れるテーブルと椅子にお金をかけよう」と決めました。その後は、テーブルを中心に、さまざまなインテリアが決まっていったのだと思います。

INTRODUCTION

この本を手にしてくださった方へ

日本の女性はファッションに敏感ですが、インテリアは結婚してから初めて考える、という方が多いのが実情かと思います。親が家具を一定のブランドでそろえていく姿を見ることもなければ、欧米のように、大学を卒業したら親元を離れてひとり暮らしを始めるという習慣もほとんどないため、「自分だけの空間」を飾るチャンスも巡ってきません。同時にまた、日本人はどこか完璧主義的なところもあるため、引っ越しをしたと同時にカーテンから家具、すべてのものを急いでそろえてしまう傾向にあります。私のように椅子とテーブル、お布団しかない部屋で生活をしながら、あとのことをじっくり考える、というタイプの方は少ないかもしれません。

インテリアはファッションと同じで、「トータルで考える」ということがとても大切です。靴でもバッグでもセーターでも、可愛いから、色がきれいだからと、全体を考えずに組み合わせるとスタイルができにくいように、「スポーツカジュアル」でいくならば、それなりのビジョンをもって、バッグから靴までそろえたほうがおしゃれに見えやすいのと同じなのです。また「買うことのできるカジュアルブランド」ばかりを見ていても、審美眼は育ちません。プラダやシャネルの洋服は買わなくても、ショーウィンドーでそれらのデザインや色を見たら、自分の洋服を買うときの参考になるのと同じです。

私もインテリアに目覚めてから今まで、20年以上の年月をかけて、コツコツコツコツ、いろんなものを見て、そろえていきました。安いものは計画なく衝動買いすることもあったけれど、それなりにお金を出して家具を買うときは、頭の中に全体のイメージ像があって、その空間に合うかどうかを考えたり、あるときは写真を切り取って組み合わせてみてから、合わなければ、たとえ好きでもあきらめたりしました。私の自宅やスタジオのインテリアは、ごく一例であり、そもそもインテリアのプロでも学校に行ったわけでもありませんが、私がどのような考えで、どんな空間をつくり、どういった家具を選んできたかを見ていただき、少しでもお役にたてれば嬉しいです。

心地よい空間をつくり上げるというのは、自分が気持ちよいだけでなく、家族や友人にもそれを提供できるということです。人それぞれ、心地よさのスタイルやバロメーターは違いますが、そこには、ある一定のルールやパターンがあります。この本を手にしてくださったみなさんの空間が、心地よいものとなりますよう!

小さな発見がありますよう!!

行正り香

CONTENTS

※掲載商品の問い合わせ先は、P126〜127をご覧ください。
そちらに掲載のないものは、海外で購入したものやアンティーク、
現在非売品となっているもの等です。ご了承くださいませ。

HOW
CHOO
YOUR
STYLE
恋愛適齢期

TO
OSE

PART1

スタイルを決める 家具のそろえかた

映画という“資料”を見る

友人から「素敵な家に住みたいのだけど、何からスタートしたらいいのかわからない。自分がどんなふうにしたいのかもわからない」と、相談されることがあります。欧米のように互いの家を行き来して、インテリアのセンスを磨くチャンスも少ない日本人にとって、「どのような家に住みたいか?」という理想像を持つことは、とても難しいものです。そんなとき、私はまず、いくつかの映画を観てみることをおすすめしています。たとえば『ホリデイ』『アメリ』『マリー・アントワネット』『恋愛適齢期』『シングルマン』『かもめ食堂』『ロッタちゃんはじめてのおつかい』『グリーン・カード』『ティファニーで朝食を』『ユー・ガット・メール』『セックス・アンド・ザ・シティ』『恋するベーカリー』、そして『目撃者〜刑事ジョン・ブック』……。これらの映画には、インテリアデザインのプロ中のプロが、それぞれのスタイルで世界観をつくり上げています。壁、床、家具、カーペット、絵画、タオルまで、あるルールを持って選び抜いているため、理想のスタイルを見つけるときに参考になるのです。

たとえばある男性の友人は『シングルマン』のインテリアが好みだと言います。そうなると家具全体のトーンを少しダークにして、ミッドセンチュリー(1940〜60年代につくられた家具や建築物など)の雰囲気にし、イームズという作家の椅子に似たシンプルなものを探せばいいのかな? と思います。『かもめ食堂』が好きならば北欧カントリー風、『恋愛適齢期』ならば、アイボリーを基調にした北米のコテージスタイルかな? というふうに。それぞれ好きな映画が違うように、好きな家のスタイルも違うのです。その人に合ったスタイルを考えて家具や家を見つけていけばいいのではないかと思います。

HOW TO CHOOSE YOUR STYLE

PART1

スタイルを決める

家具のそろえかた

家具の選びかた

私の場合は、ミニマム→アーミッシュ×アジア
→北米×北欧ミッドセンチュリー

ファッションと同じで、インテリアも年齢と経験によって好みが変わっていきます。私の場合、初めて借りたワンルームで目指したのは〝グッチのブティックワールド〟。といっても、お金は全くないので家具を買うのは通販か東急ハンズ。黒とグレーを基調に、アンディ・ウォーホールのポスターなどを飾り、籐のガラステーブルは自分で黒く塗りました（笑）。ある意味、ミニマムコストでつくったミニマムワールド。間接照明でライティングを工夫したりもしました。でも本当に憧れたスタイルは、また別のものでした。

もしダイニングテーブルを置くことのできる家に引っ越しができたなら、『目撃者～刑事ジョン・ブック』のアーミッシュ・インテリアを真似したいな、と常々思っていました。30代で引っ越しが決まった日から、アーミッシュ風のチェリー材の家具を扱うショップを探し出し、まずはダイニングテーブルを希望のサイズ、高さにつくってもらいました。チェリー材は畳の部屋にも合うほどシンプル。ほかに組み合わせる小物や絵も、アジア系のものを選んでみることにしました。

心地よいスタイルを探す

2012年にクッキングスタジオをつくるチャンスに恵まれたとき、自宅と同じようなスタイルではなく、『恋愛適齢期』のダイアン・キートンが住む北米のコテージスタイルのキッチンと、デンマークのローズウッド家具を組み合わせてみようと思いました。ダイアン・キートンがそこに存在しても似合うような大人の空間に、ずっと憧れていたからです。

ほかにも北欧モダン、カントリー、イタリアモダン、古民家スタイル、アジアリゾート、プリンセス風など、いろいろなスタイルがあります。大切なのは、「自分はどのスタイルが心地よいか？　複数の人と暮らすならば、どのスタイルが妥協できるか？」と、よく考えること。そして映画や写真集を見て、「夢の家のイメージ探し」をすることなのです。このプロセスは家具を買ったり引っ越しをしたりする前に、必ず行っておく必要があります。出来上がりのイメージがなければ、料理も美味しくつくれないのと同じです。まずは「私はどんな空間が好きなんだろう？」と考えつつ、おすすめ映画を観て理想のスタイルを探してみてください。

HOW TO CHOOSE YOUR STYLE

AMISH MODERN

アーミッシュ モダン

ナチュラル＆シンプルなスタイルを
現代風にアレンジ

映画『目撃者〜刑事ジョン・ブック』に登場する、アーミッシュの家にインスパイアされたスタイルです。アーミッシュとは、アメリカなどに暮らす、厳格な生活様式で知られるキリスト教の一派で、木や布を活用した彼らのインテリアは、ストイックな美しさが特徴。私はそのテイストをモダンにアレンジして私なりのアーミッシュスタイルを完成させていきました。家具によく使われるのは、チェリー材。最初は色が薄く、経年変化で濃くなっていくところも魅力です。

SCANDINAVIAN CLASSIC

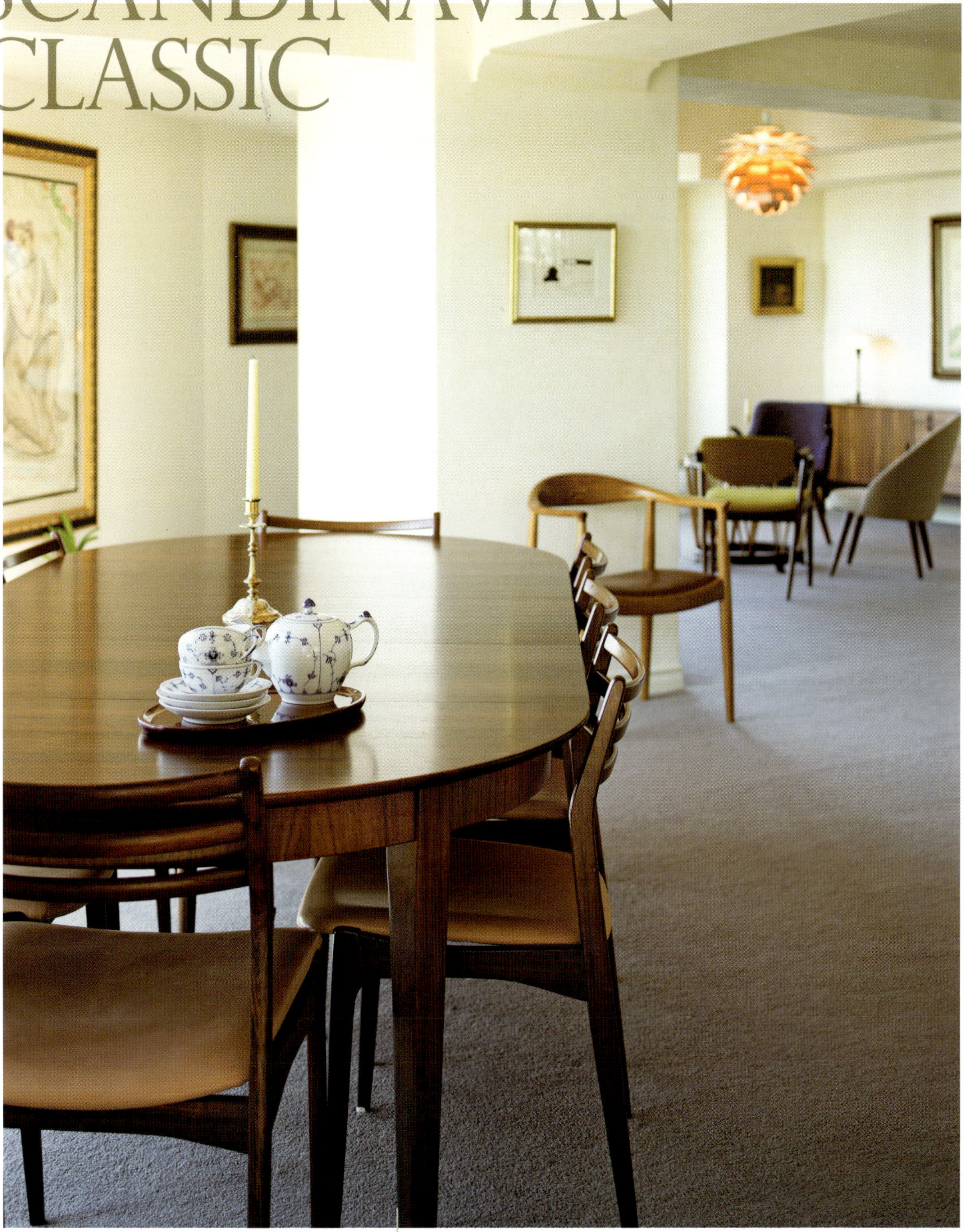

北欧クラシック

ローズウッドが
大人の色気と落ち着きを醸す

北欧に行って、クラシックなインテリアの素晴らしさに心を奪われました。特に感銘を受けたのが、デンマークの建築家、オーレ・ヴァンシャーの作品。それからというものは、ヴァンシャー風の家具を少しずつそろえていったものです。象徴的な素材は、濃い色みのシックな木材、ローズウッド。クラシックさを感じさせながらもモダン。落ち着きがある大人の色気が漂うスタイルで、同じくデンマークの建築家、フィン・ユールの作品などもこのカテゴリーに入ります。

HOW TO CHOOSE YOUR STYLE

SCANDINAVIAN MODERN

北欧モダン

軽やかなフォルムの妙に魅せられる

デンマークのフリッツ・ハンセン社の家具に代表される、軽やかで現代的なスタイルです。同社でつくられているアリンコチェアやエイトチェアを見るとわかりますが、このスタイルの家具は、シンプルでフォルムがきれい。色使いが美しいラッカー仕上げや、革素材が多用されています。さらに椅子なら座り心地がいいというように、使い勝手も抜群！　わが家では大理石のテーブル、革のエイトチェアなどを取り入れ、北欧モダンなコーナーを作っています。

SCANDINAVIAN COUNTRY

北欧カントリー

温もり感が日本の部屋によく似合う

木や布の温もりを生かした「カントリー」スタイルにもいろいろありますが、私が好きなのは、北欧のカントリースタイル。映画『かもめ食堂』を思い浮かべると、イメージしやすいでしょう。オーク材を中心とした柔らかい雰囲気の家具は、日本の部屋にもなじみやすいと人気です。わが家の場合は、アンティークのオークのテーブルとYチェア、レースのカーテンを合わせ、カントリーテイストを表現。北欧風にシフトするには、色使いを甘くしすぎないことがポイントです。

素材の色をつなげていく

ダイニングテーブル、ローテーブル、チェストなど、大きな面積を占める家具は、同じ材質か同じトーンの色でそろえて。それだけで統一感が出るうえ、「北欧クラシック」「北欧カントリー」といったスタイルを表現しやすくなります。

CHERRY

チェリー材でリンクさせる

「アーミッシュモダン」テイストのチェリー材の家具。ダイニングテーブルの素材をチェリー材にしたなら、椅子、ローテーブル、キャビネットなども同じチェリー材か、チェリーと色が似た、明るいブラウンの木でそろえて。たとえ素材が違っていても、色みがマッチしていれば、部屋全体にまとまり感が生まれます。

チェリー材のテーブル／ウッドユウライクカンパニー
チェリー材のピアノ／ウィルヘルム・スタインベルグ

ROSEWOOD

ローズウッド材でリンクさせる

同じように、「北欧クラシック」テイストのローズウッド材の場合も、同じ材質か、同じ色合いの木で統一すると、部屋が洗練されて見えます。この4枚の写真にある家具は、ルカスカンジナビアという骨董家具屋さんで、オーレ・ヴァンシャーの作品の写真を見せて、「こんな感じの家具が見つかったら教えて」とリクエストして探してもらい、購入したものです。

スタイルを決める RULES

RULE NO.1

住みたい家のイメージ映像を、最初に見つける。

自分の中に出来上がりのイメージがないまま、インテリアをつくり上げるのは不可能。参考になりそうな映画や本を観て、「どんな家に住みたいか」「どんなスタイルが好きか」を考える。まずは自分の「夢の家のイメージ画像探し」からスタートを。

RULE NO.2

好きなスタイルを徹底的に真似する。

〝センスは一日にしてならず〟。素敵だと思うインテリアがあるときは、ひとまずそれをそのまま真似してみる。高級ブランドの家具は買えなくても、似たようなテイストのものを探して上手に取り入れることで、徐々に理想のイメージに近づくことができる。

RULE NO.3

スタイルを決めたら、分析して特徴を見つけ出す。

アーミッシュモダン＝チェリー材、北欧モダン＝フリッツ・ハンセン風など、それぞれのスタイルには、シンボリックな家具が使われている。その特徴的な家具の雰囲気を探し出して、うまく取り入れると、自分の好みのスタイルを実現しやすい。

RULE NO.4

家具の「材質」や「色」の持つ力を意識して、統一する。

ひとつひとつの家具のセンスがよくても、統一感がなければ、部屋がゴチャゴチャした印象に。チェリー材、オーク材といった木の材質、もしくはダークブラウン、ライトブラウンといった色みをそろえ、統一感を意識し続けると、まとまりのある空間が出来上がる。

HOW THIN YOUR SPACE

PART 2

大きな面積から考える

壁と床、キーカラーを決める

大きなインパクトを与えるものから考える

自分が好きなインテリアスタイルが決まったら、ここから具体的な部屋選び、部屋づくりが始まります。まず大切なことは「大きなインパクトを与えるものから考える」ということです。ファッションであれば、ワンピースやコートなど、大きな面積を持つものが人に与える印象が大きいように、インテリアでいうと壁、床の与えるインパクトが一番大きいからです。

壁の色と素材を決める

心地よい印象を与える壁にはルールがあります。シンプルに言うと、「真っ白よりはアイボリー。濃い色よりは淡い色」。メキシコやキューバのようなイメージを出したいということであれば、壁を濃いブルーや、オレンジブラウンにすることも考えられますが、日本人が居住する狭い空間では、濃い色よりは淡い色、白のほうがスペースを大きく広げて見せることができます。壁の色は、何といっても白が多いですが、白にもさまざまなバリエーションがあることを意識しておくことは大切です。たとえば、私の自宅はピンクがかったアイボリー。スタジオは黄色がかったアイボリーです。真っ白は病院のようになるので選びません。北欧など光の少ないところだと、真っ白を塗っても少しグレートーンにころがるのですが、日本のように太陽が一年中照らしている状況では、真っ白を選ぶと病院やお役所のような雰囲気になってしまいます。クロスのサンプルを見ているだけだと「これは黄色すぎないかな?」と思うこともあるかもしれませんが、面積が広がると色は薄く見えるので、全体のイメージはもっと薄くなることを意識して選ぶことが重要です。

PART 2

大きな面積から考える

壁と床、キーカラーを決める

壁の素材には、クロス、漆喰《しっくい》、木、タイル、ガラスブロックといろいろあり、クロスの中にもビニール、紙、織物とさまざまな種類があります。賃貸や分譲マンションでよく使われるのはビニールクロスですが、リフォームをすると、さまざまな選択肢が増えます。コストが安く、雰囲気がぐっとよくなるのでおすすめなのは、クロスの上に水性塗料を塗る方法です。ペンキをローラーで塗る作業は自分でもできること。たかだか数万円で、真っ白い病院のような壁を、心地よいアイボリーの空間に変化させることが可能です。

お店やレストランの壁はこだわりを持ってつくられていることが多いので、自分で塗る前に、「好きだな」と思う壁を探すことをおすすめします。私の場合、スタジオの壁はイタリアのベニスで泊まったホテルのような、つるんとしたテクスチャーのスタッコ塗り壁にしたかったので、ブルガリやルイ・ヴィトン、アルマーニなど、さまざまなイタリアブランドのショップを巡って、「これだ!」という壁を見つけ出しました。最後に参考にしたのは、〝クルーズクルーズ THE GINZA〟(昔のエノテーカ・ピンキオーリ)という銀座のレストランです。そこをイメージして、壁と天井は塗るだけでなく、その周りにモールディングという装飾をほどこしたり、カーブをつけたりして、ヨーロッパテイストにしました。

壁素材のひとつとして、ガラスブロックも有効です。銀座にあるエルメスは外壁として使っていますが、私は部屋を仕切るときに、より光が透過するよう、同じタイプのガラスブロックを壁として使い、広く見えるように工夫しました。

壁の素材として、通常「鏡」は挙げられませんが、私の中では常に選択肢のひとつです。部屋の空間を広く見せるために各部屋、トイレ、風呂場に鏡をつけますが、壁にオーダーメイドで貼りつけてしまうタイプと額縁にふちどられた絵のようなタイプと、2つを使い分けています。反射して映るものが美しい場合は思い切り大きく、そうでない場合は絵の代わりとして使ってみるのもおすすめです。

床の色と素材を決める

床の色選び、素材選びも大切です。これは家具やインテリアのスタイルと深く関係があるので、家具のイメージを固めてから選ぶほうがいいでしょう。たとえば自宅をチェリー材の家具で統一したいのならば、木の色の延長上にある色を床に選べば、間違いがありません。フローリングで言えば、ダークブラウンよりライトブラウンです。一方、うちのスタジオのようにローズウッドの濃い家具を置くならば、床もカジュアルなライトブラウンより、少しローズカラーやグレーの入った濃い色がおすすめです。洋服でもチャコールグレーのセーターとライトグレーのパンツは相性がいいように、似ている色を組み合わせれば、床と家具を分断することなく、全体が繋がっていくのです。さらに家具と床だけでなく、壁と床の色みの相性はどうか、この2つを合わせて考えることが大切です。

基本的に、床や壁は濃い色を選べば狭く見えるし、淡い色を選べば、広く感じます。なので、空間として広がりを持たせたいのであれば、床には淡いベージュや薄いグレーなどを選びましょう。ついつい「汚れが目立たないから濃い色にしておこう」と黒っぽい色にしたくなりますが、狭く見える覚悟は必要です。

床の素材にはどんなものがあるでしょう？　賃貸や分譲マンションの場合は、「複合フローリング」と呼ばれるものが主流ですが、その他にもカーペット、無垢材のフローリング、クッションフロア（塩ビタイル）、コルク、タイル、畳などがあります。「カーペットは汚れるからいやだ」と言う方も多いですが、私はアメリカの家でたくさんカーペットを見てきて、裸足で生活をするのは心地よいなぁと感じたので、フローリングよりはカーペット派です。歩いていてもクッション性があり、椅子以外の所でも座れる、寝っころがれると利点がたくさんあります（ちなみに、友人の弥生さん、小雪さんもカーペット派／P 114〜参照）。

ブルーグレーの壁の部屋のアクセントカラーはブルー。椅子、花瓶、花とそれぞれにブルーを取り入れて統一感を出している。

フローリング材ならば、無垢材が好きです。自然素材は、汚れても傷ついても味が出るからです。素材にもいろいろな木の種類があって、明るい色ならばオーク、ブラックチェリー、バーチ、濃い色ならばウォールナット、カリンなどがあります。もし私が自宅をフローリングにしたなら、チェリー家具のスタイルに合わせて床も明るいブラックチェリーを、スタジオならばローズウッドの家具に合わせて重厚感のあるカリンを選ぶかな、と思います。

またカーペットの上や複合フローリング、畳の上にラグを敷くのもおすすめです。自宅ではウールサイザルのカーペットの上にパキスタンのラグ、〝ジーグラー（Ziegler）〟を敷いています。ペルシャ絨毯やキリムと違って淡い色やデザインが多く、畳のような雰囲気があるので、日本の家には合いやすいかもしれません（ラグ・絨毯の販売サイト「カーペットビスタ／CarpetVista」）。

アクセントカラーの選択とスタイルのミックス

壁と床のイメージ、そしてインテリアのスタイルが決まったら、次に選びたいのは「アクセントカラー」（または「キーカラー」）です。アクセントカラーという概念、日本ではあまり聞きませんが、欧米の人が部屋のインテリアを考えるとき「何をアクセントカラーにするか？」というのは、実はかなり重要なポイントとなります。１色、あるいは多くても２色、自分が好きな色を決めたら、その色でクッションや絵、小物や食器、そしてタオルなどまで統一していきます。

たとえば、映画『恋愛適齢期』のインテリア。すべての部屋の家具、絵、置物、椅子、庭の花にまでブルーがあちこち配置されていて、ブレのない上質な空間がつくられています。私のスタジオは、このブルーにならって、絵、食器、置物をブルーでそろえています。一方、自宅のほうは家具もシンプルで、畳もあるので、アジアの〝漆〟の色が合います。というわけで、アクセントカラーは赤です。あらたにパキスタンのラグを買うときも、「赤が入っているか？」を基準に選びました。みなさんもアクセントカラーを決めたら、浮気することなく、その色がほどこされた小物を集めてみてください。選ぶ基準が減って楽になるだけでなく、部屋に自然と統一感が生まれます。

自宅の壁は、珪藻土（珪藻が化石化してできた土）の塗り壁。色は、真っ白ではなく、ピンクがかったアイボリーを選んだ。床はチェリー材の家具に合う、ライトブラウンのウールサイザルに。また、右手奥の和室には琉球畳を敷き、ほぼ同色のウールサイザルとひと続きに見えるようになっている。さらにアクセントカラーとして、パキスタンのラグ、クッション、絵、ピアノの椅子などの小物で赤をプラス。ところどころにアジアンテイストを意識した観葉植物を置いている。

スタジオのメインルームの壁は、黄みがかったアイボリーのイタリアンスタッコ壁。床には、ピンクがかったグレーのカーペットを敷いた。家具のローズウッドは、ピンクみを帯びているので、カーペットもピンクを含む色にすると、相性がいい。また、区切りのないひと部屋にして、カーペットを全面に敷き詰めているため、広さが感じられる。まだあまりものはそろっていないが、アクセントカラーはブルーにしようと決めていて、最初にブルーの椅子（奥）を買った。

鏡に映る“借景”を利用する

私は、壁のバリエーションのひとつとして、「鏡」を活用しています。鏡は光を反射し、風景を映すので、うまく使えば、部屋を広く、明るく見せることができるからです。特におすすめなのが、壁いっぱいに鏡を張ること。対面にあるものが鏡に映って「借景」となり、向こうに部屋がもう一つあるように見えます（その効果は絶大で、お客さんたちは、鏡のほうに曲がろうとするほど!）。家に奥行き感が出るので、ぜひお試しを。

自宅の玄関を入ってすぐの壁一面に鏡を取りつけ、広さを出している。リビングの家具や景色が映り込み、向こう側にもうひと部屋あるような錯覚が生まれる。

スタジオの部屋は、大きなヨーロピアン調の鏡で大人の可愛らしさを演出。やはり天井から床まで鏡をつけることで、部屋が広がって見える。上下だけでなく角を地震時の家具転倒防止器具（ガムロック）で固定すると安心。鏡のフレーム／エルジュエル

夜、ブロック壁の向こうの照明が透けて、独特の効果が生まれる。ガラスにゆがみがあるため、複雑に屈折したニュアンスのある光に。ガラスブロック（クリアウェービー）／藤田商事

ガラスブロックを通す"光"を利用する

もうひとつの壁のバリエーションとして、ガラスブロックが挙げられます。壁の向こうははっきり見えないけれど、光は通すという特性を持っていて、日当たりが悪い部屋の壁をガラスブロックに替えるだけで、明るさをアップすることができます。ただし、ガラスブロックを取り入れるなら、夜の照明も必ず計算に入れて。ブロック壁の反対側に明かりがないと、ただの「暗いガラスの壁」になってしまうからです。

同じ場所を昼間に見た光景。窓以外に、ガラスブロック側からも自然光が入ってくるので、コーナーが明るく感じられる。

壁と床の素材を選ぶ

広いスペースを占め、大きなインパクトを与える壁と床から先に決めていくのが、インテリアの成功ルールのひとつ。実例として、私の家に使っている壁と床の素材、色をご紹介します。

壁

スタッコ壁は色でニュアンスチェンジ

スタジオの壁はイタリアンスタッコ（イタリアで伝統的に使われている、ツルンとした漆喰）。メインルームは、イエローがかったアイボリー。でも、その他の部屋は、ちょっと遊んだペールトーンに。トイレのグリーンの壁は、ラデュレの内装から、もうひとつの部屋のブルーグレーの壁は、セザンヌの家からイメージ。

スタッコ壁／ニーノジャパン

ナチュラルな珪藻土塗り壁

自宅の壁は、ピンクがかったアイボリー。壁紙の上から塗れる珪藻土に、湿気除去、脱臭効果の高いコーラルパウダーを混ぜたものを使いました。

壁／スペースワーカー

床

肌触りのいいカーペット

スタジオの床には、ピンクがかったグレーのウール100％のカーペットを敷き詰めました。ウールは、冬は暖かく、夏は涼しく、そのうえ汚れも落としやすい、実は優秀な素材です。

カーペット／サンゲツ

自然な味わいのサイザル

自宅のメインルームの床は、ウール混紡のサイザル敷物に。色はライトブラウン。部屋が狭い場合は、敷物のループが小さいものを選んだほうが、凹凸が目立ちすぎず、きれいに見えます。

サイザル敷物／スプリング・ヴァレー

琉球畳で部屋をすっきり

自宅の和室は、縁がなく、大きさが通常の半分の琉球畳。年月がたったとき、畳とサイザルがつながって見えるよう、経年変化した畳のサンプルを見て、サイザルの色を決めました。

POINT

クラス感をアップさせるモールディング

天井と壁の間にモールディングをつけると、ヨーロッパの雰囲気に。接着剤で貼り、上から塗装しています。

モールディング／アドヴァン

POINT

ソファーと床も色みを統一してつながりよく

スタジオの窓際に設置した収納つきソファーの色も、グレーがかったアイボリーにして、床に敷いたカーペットとのひと続き感を出しました。

大きな面積から考える

RULES

RULE NO.1

インパクトの大きな順にインテリアを考える。

ファッションでいえばワンピースやコートのように、大きな面積を占めるものほど、人に与える印象を左右する。インテリアの場合も、大きい存在である壁、そして床が大切。大きいスペースから先に決めていくと、家全体のトーンが固まりやすい。

RULE NO.2

壁＝真っ白という概念を捨てる。

壁の色は心地よさを左右する。濃い色よりは淡い色や白のほうが、スペースを大きく広げて見せることができる。壁の基本色は白だが、真っ白ではまるで病院やお役所のよう。黄みを含んだアイボリーなどを選んで、目にも心地よく、くつろげる空間を目指して。

RULE NO.3

壁にはいろんな材質があることを知り、こだわりを持つ。

部屋に大きな変化をもたらす壁。ビニールクロスだけが壁素材だと思い込んでいる方も多いが、リフォームをすれば、クロス以外のさまざまな選択が可能になる。壁紙の上にペンキを塗ったり、珪藻土にしたりと、ほしい色と質感を追求して。また壁素材として、ガラスブロックや鏡を効果的に使うことで部屋は明るくなる。

RULE NO.4

家具のイメージなしに、床の色を決めない。

床素材は家具のイメージを最初に固めてから選ぶのが鉄則。チェリー材の家具ならライトブラウンの床、ローズウッド材の家具なら濃い色の床と、家具の延長上にある色の床を選べば、床と家具が分断されない。床と、接触する家具とで、色の統一感を。

RULE NO.5

床はフローリングのみ、と決めつけない。

マンションの場合、床がフローリング仕様であることが多いが、こだわる必要はない。裸足で生活できる、クッション性がある、どこでも寝ころがれて、座ることもできるカーペットやラグも選択肢に含めて考えるべき。床の素材は、生活空間を大きく変化させる。

RULE NO.6

装飾物はアクセントカラーで統一する。

スタイルが決まったら、アクセントカラーを選択。１色、または２色の好きな色を選んで、クッション、小物、絵、食器など、すべての装飾物にアクセントカラーを入れてみる。そうすることで統一感が生まれ、個性的でセンスのいい空間ができる。色の力でブレのない空間づくりを。

HOW
DIVID
YOUR
SPACE

TOE

PART3 空間のつくりかた 間取りを見直す

間取りについて考える

家という限られた空間を、どのように区切って空間をつくるか（間取りを考えるか）ということは、とても重要です。区切りかた次第で、家の雰囲気、光の入りかた、家族との接しかた、各部屋の体感温度、空間の大きさのイメージ、そのすべてが変わってしまうからです。戦前の日本では、玄関のそばに茶の間があったり、土間や台所などの家族共有のスペースがある場合が多かったのですが、戦後、団地化が進んで、部屋の間取りも寝具も欧米化。子ども部屋や寝室を細かく仕切ってベッドを入れるようになり、廊下も増えていきました。

一方、アメリカやヨーロッパの友人宅で驚いたのは、普通サイズの家には、廊下も玄関もないことでした。『フレンズ』などのドラマで見ているように、「ただいま〜」とドアを開けて家に入ってきたら、そこにはいきなり大きめの居間。その居間を中心にキッチン、ダイニング、ベッドルームと続くのでした。住んでいるうちに、この間取りには全く無駄がなく、かつ人を繋げる仕組みがあると気がつきました。顔を合わせることなく寝室に入ることも、子ども部屋に入ることもできないから、「今日は何があった？」「疲れたからもう寝る」などコトバを交わす必然性が生まれます。かつ、玄関と廊下がない分、居間のスペースが広く、暗いスペースも少ないのです。

週末に届く、家やマンションの間取りのちらしを見るのは私の趣味ですが（笑）、「人それぞれ、生活のパターンも家族構成も価値観も、仲良し度合いも違うのに、同じような間取りで暮らすのは大変だなぁ」と感じます。狭くて限られた空間ならば、「自分にとって一番大切な空間はどこか？」、大切な順番を考え直す必要があります。居間で最も時間を過ごすならば居間を心地よく。キッチンで過ごす時間が多いならばキッチンを大きめに。頭の中で壁を取り払って、素直に「住みたい空間」を想像してみる必要があるのです。

スタジオの玄関ドアを開けると、そこはもう、見通しのいいリビング！　リフォームする前は、日本のマンションによくある、玄関に長い廊下が隣接した間取りだったものを、廊下を取り払ってこのような形に。

PART3
空間のつくりかた
間取りを見直す

"2ルーム"マンション

賃貸にいくつか住み、そしてマンションを買って数年間住んだあと、部屋の数を減らすことを決めました。購入したマンションは3LDK。典型的な日本のマンションで、小さな部屋が２つ、和室が１つ、LDKが１つにわかれていました。ひと部屋はいらないものを使うタンス部屋に、もうひと部屋はあまり心地よくない、暗くて寝に行くだけのベッドルームでした。そこで寝具はベッドではなく布団に替え、布団をたたんだあとは空間として活用できるようにリフォームすることに決めました。いらない壁をぶち抜くのはリフォーム屋さんにお願いしましたが、そのあと壁をペンキで塗る作業は自分でやってみました。確かそのときのリフォーム費用は、15万ちょっとだったかと思います。たったそれだけのお金で、光と風がぬける心地よい２つの空間ができました。

引っ越しをして、少し広めのスペースに住むようになりましたが、私にとって一番大切な空間が、家族やみんなとごはんやお酒を楽しめるダイニングテーブルであることに変わりはありません。映画を観るために大きなテレビがあったら便利だけど、重要度は低い。子ども部屋もまだ子どもが小さいので現時点では使わないから、必要となったらスペースを仕切ればいい。タンスをいくつかしまう部屋をつくるくらいなら、大きめの便利なクロゼットをつくろう。というわけで、家族が増えても２ルームに。さらに今年つくったスタジオも、あえて２ルームにしました。２つの部屋を区切る壁には、両方ともにガラスブロックを活用しました。通常の壁より明るく広く見えるからです。こうしてわが家は戦前の間取りに戻り（笑）、アメリカ風に、玄関に入るといきなり見えるのは居間。居間からほかのスペースに繋がっている間取りにしたのです。

みなさんの価値観はそれぞれ違うので、私のような間取りの考えかたがすべて当てはまるわけではありません。入っていきなりダイニングテーブルがあったりリビングルームになっていたりしては、散らかっているのが見えていやだという方も多いかと思います。でも私にとっては、「ゆとりを感じる広い空間」「光の入る玄関」のほうが優先順位が高いので、２ルームマンションの間取りは気に入っています。

空間に順番をつける

心地よい空間をつくるのに一番大切なことは、他人につくってもらった間仕切りを一度リセットして、「自分にとってどう空間をどう区切ったら、もっと心地よくなるか？」を考え直してみることです。本当に「物置部屋は必要か」、本当に「区切られた部屋は、区切り続けるべきか」、「小さな子どもに子ども部屋が必要か？」。賃貸ならば、どんな間取りがいいか考えてから借りる、持ち家ならば、再度自分のライフスタイルと行動範囲をふり返って、あなたの心地よい間取りを考えてみてください。

自宅も廊下を設けず、玄関を入ったとたん、ひと続きのリビング＆ダイニング＆キッチンという間取りにリフォーム。小分けされていた部屋をぶち抜き、大きな部屋へ改装した。玄関から窓が見え、部屋全体に自然光が回るため、明るく、空間にゆとりが。生活の中心はこのスペースにあり、大きなテーブルで、食事、仕事、子どもの勉強と、あらゆることを行っている。

スタジオのメインルーム。キッチン、ダイニング、リビングを壁や仕切りのないひと部屋にし、ライティングや家具を配置することで、「ここからは目的の違う空間」という区切りをつけている。アクセントカラーはブルーなので、絵や額縁はブルー系で統一。

季節ごとの模様替えで居心地よく暮らす

リビング、ダイニング、キッチンが、壁や仕切りのない部屋になっていれば、家具を動かし、模様替えするのも簡単です。わが家には、「生活の中心であるダイニングテーブルを、その季節の最も心地よい場所に置く」という工夫をしています。夏は、いちばん涼しい北側のコーナーにダイニングテーブルを置き、部屋の中心にソファーを配置します。

SUMMER

一方冬は、床暖房がある部屋の中心にダイニングテーブル、北のコーナーにソファーを置きます。方角や暖房・冷房設備による特性を知って、季節ごとに家具を移動するのは、理にかなった方法。広いワンルームにしておくことは、模様替えによって心地よく暮らすためにも、意味があると思います。ちなみに床暖房は、ガス式のほうが部屋全体に暖まるのでおすすめです。

WINTER

リフォームのアイディア

リフォームで大きな変化をもたらすには、物置としている部屋、または寝室をひと部屋あきらめ、布団の生活に戻すという方法があります。この場合、極力廊下をなくすことで、共有スペースを広くとることが可能になります。何もあきらめられない、というならば、大きな変化は望めないと思います。

BEFORE

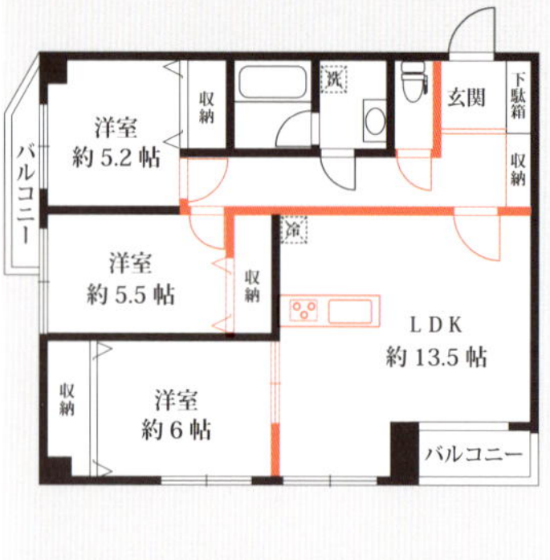

AFTER

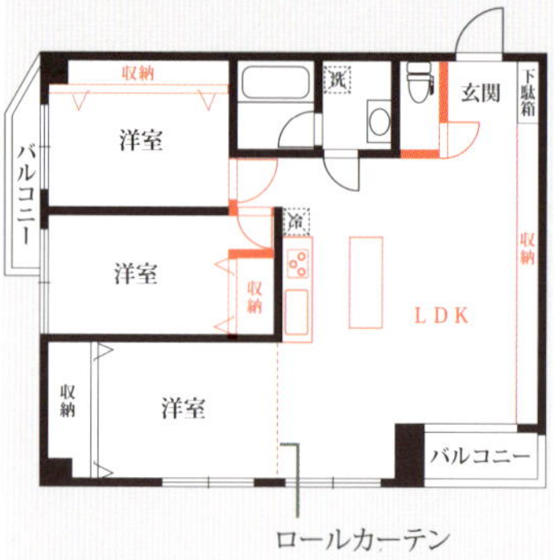

CASE 1

広々としたリビングが誕生

- 廊下をなくし、トイレのドアは玄関側に
- LDKに収納スペースを設置
- LDKと洋室の間はロールカーテンなどに
- キッチンはアイランド式に

子ども部屋を２つキープし、夫婦の寝室をリビングの奥に設けた場合。玄関からすぐリビングが広がります。ＬＤＫと洋室との間には、ロールカーテンなどを設置し、床には琉球畳などを敷き、収納に布団を納める。寝る場所（洋室）が昼にはオープンスペースになるという仕組み。LDKの窓のないところには収納スペースを。上の洋室２部屋は、間の壁をなくして１部屋にすることもできる。

BEFORE

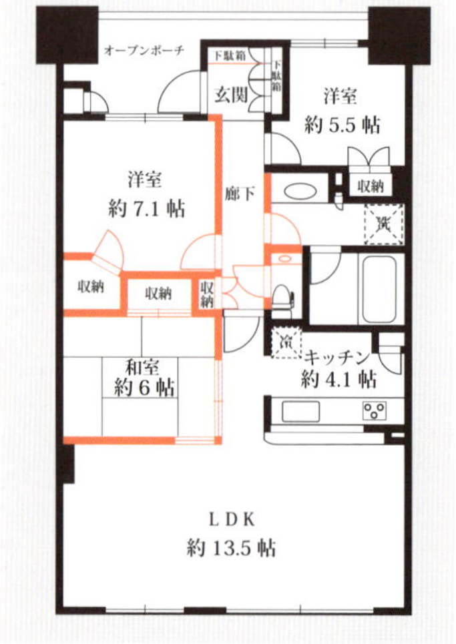

AFTER

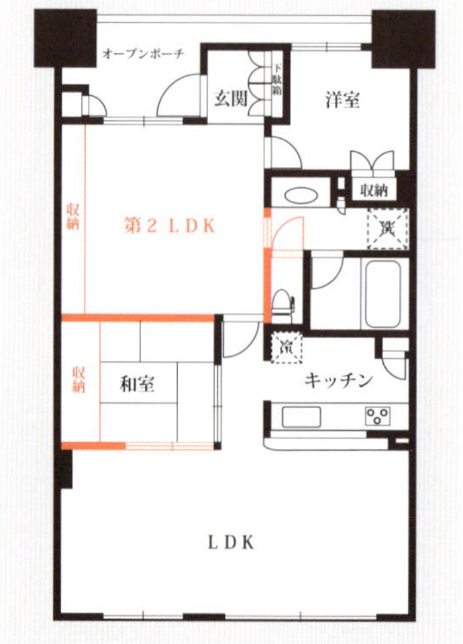

CASE 2

２つのリビングで豊かな生活を

- 廊下をなくし、第２リビングをつくる
- 和室は寝室として使用したいので、収納をつくり布団をしまう
- 第２リビングの壁に収納を設置

子ども部屋を１つ、和室を夫婦の寝室とした場合。物置部屋になりがちな北側の部屋を第２リビングにする、という方法。オーディオやピアノ、テレビなどを置いて、家族が楽しめる空間として活用できる。子ども部屋が必要ないときは、小さい洋室も合体させてより広くすることも。寝具は布団にして、和室で寝起きする。このスペースに押し入れなどの収納スペースをつくり、布団をしまうとよい。

POINT

持ち運び可能なワイヤレスタイプで、テレビの存在感をなくす

インテリアのネックになるのが、大きなサイズのテレビ。どんなにおしゃれな部屋に暮らしていても、大きなテレビがあると、生活感がにじみ出てしまうからです。そこで私はチューナーからワイヤレスで画像が受け取れる、小画面のテレビ（シャープのAQUOS）を選択。持ち運んで、好きな場所で見られるし、見ていないときは戸棚などに収納すれば、空間がすっきりします。

空間のつくりかた RULES

RULE NO.1

部屋を細かく区切りすぎない。

快適さは間取りで決まる。家族の数だけ部屋が必要、という考えかたを捨てて、リビングなど家族の共有スペースをなるべく広く取るようにすると、それだけで家全体がゆったり。光と風が抜ける、気持ちよい空間にすることができる。

RULE NO.2

自分が生活で大切にしたいのは何か？ を考える。

ライフスタイルを見直すことが、心地よいインテリアへの近道。キッチンで過ごす時間が多い、リビングで過ごすことがほとんどなど、人それぞれ愛着のある場所は違うもの。その大切にしたい空間を家の中心にしたり、広く取ったりすることで、家がもっと快適になる。

RULE NO.3

廊下と子ども部屋は、今、本当に必要か、検討する。

廊下は面積を取るうえ、暗く、風通しの悪い場所になりがち。また、子どもが小さいうちは、子ども部屋ではなく、親の目の届くところで過ごすといい関係も築きやすい。勉強する時期になって、後から部屋を区切ることもできるので、「今、何が大切か?」、と空間に優先順位をつけて、柔軟に対応してみては。

RULE NO.4

小さな居住空間に、物置部屋はつくらない。

日の当たらない、狭い部屋を収納部屋にしている人は多いはず。でも、ものをしまって、動かすことなくそのままにしているなら、そのスペースは存在しないのと同じ。部屋をひとつ無駄にしているということに気づいて。収納スペースを生まれ変わらせて、広く明るく、豊かに住んでみよう。

RULE NO.5

昔の日本の間取りを、もう一度見直す。

廊下をなくして、共有スペースを広く取れば、必ずそこを通って移動するので家族の会話が増える。ベッドではなく布団なら、日中は別の目的で部屋を活用できる。戦前の日本の家のようなつくりを見直すことで、家族のありかたも変わるはず。開放的な空間のよさを見直そう。

COLUMN1
参考にしたいインテリア BOOKS & WEB SITES

おうちを素敵な空間にするには、よいお手本に巡り会うことが大切です。本を何冊も集めることが大切なのではなく、「この人のインテリアや考えかたが合う」と思ったら、その人の本を何度も何度も、穴があくまで見て（笑）、自分の家なら何をどう真似する？　と具体的に考えることが大事です。最初は全体のトーンを観察。今度はキーカラーを見つける。次に家具。そして絵、ライティング、小物、カーテンやロールカーテン、切り花……と何度も別の観点から写真を見ると、発見がたくさんあります。

ちなみに私が本や映画、ホテルの内装でたまたま出会って好きなインテリアデザイナーはヴィクトリア・ハーガン、ジェイムズ・ラディン（映画『恋愛適齢期』『ホリデイ』のインテリアを担当）、ローズ・ターローや、東京のパークハイアットホテルを手がけたジョン・モーフォードです。サイトを持っている方も多く、画像検索をするとインテリアの実例を見ることができます。

本では、フィン・ユールの写真集からは家の心地よさについて、テレンス・コンランの本などは、インテリアの基礎について学ぶのにとても役立つと思います。

まずはこれらのサイトをチェックしたり、好きなスタイルの人の本を手にしてみるというのはいかがでしょう。また、建築素材についてサンプルを見たい場合は、東京・新宿のリビングデザインセンターOZONE、原宿のアドヴァンなどに行くと、無垢材からカーペット、タイルに至るまで、さまざまなものを見ることができます。

THE ESSENTIAL HOUSE BOOK

ザ・コンランショップでおなじみ、テレンス・コンランの本。ライト、間仕切りなどの細かい部分まで載っていて、インテリアのイロハがよくわかる。「ひととおり勉強したい」というときの必読書（和訳あり）。

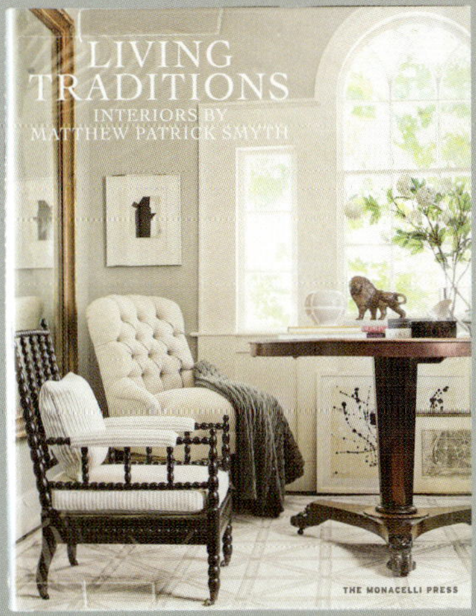

LIVING TRADITIONS

ニューヨークを拠点に活躍する、インテリアコーディネーター、マシュー・パトリック・スミスの著書。ディティールが細やかで、コーナーのつくりかた、鏡の使いかた、窓辺の活用法などが特に参考になる。

INTERIOR PORTRAITS

女性らしいクラシックなインテリアが提案されていて、白の世界のプレゼンテーションが上手。エレガントな雰囲気が好きな人に。著者は、アメリカのインテリアデザイナー、ヴィクトリア・ハーガン。

COMPENDIUM KITCHENS

私自身、キッチンのインテリアを考える際、相当に読み込んだ一冊。欧米のいろいろなキッチンの実例が挙げられていて参考になる。オリジナルなキッチンのありかたを学びたいなら、手に取ってみて。

SCANDINAVIAN MODERN HOUSES

北欧の上質を知りたい人に、おすすめしたい本。表紙になっている、家具デザイナー、ポール・ケアホルムの家のような、北欧の美しい建築、インテリアが数多く紹介されている。

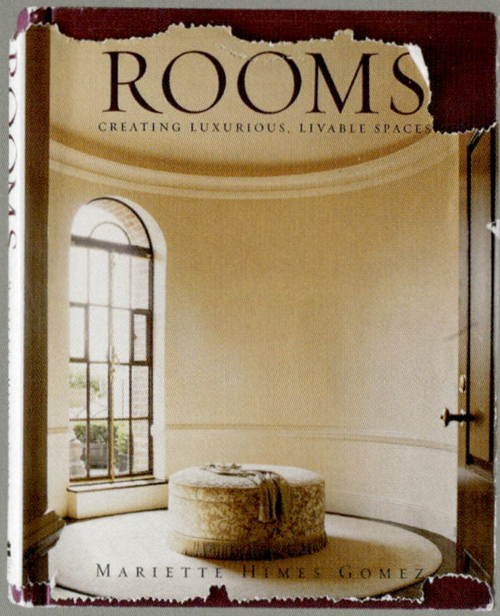

ROOMS

クラシックなアメリカのインテリアが素敵で、壁の色、天井、窓、金具……と、家をつくるにあたって、この本を最も参考にした。ニューヨークのインテリアデザイナー、マリエット・ヒンズ・ゴメスの著書。

※表紙カバーはインコに噛まれたため、このような状態に。

FINN JUHL OG HANS HUS

フィン・ユールは、私にとって「心地よさ」のお手本。ゴージャスではない引き算のインテリアで、「ここに存在したら気持ちいいだろうな」と感じさせる空気感がある。絵の選びかたなども勉強になる。

THE PRIVATE HOUSE

クラシックで、心落ち着く空間づくりで知られる、アメリカのインテリアデザイナー、ローズ・ターローの本。ナチュラルな家を追求したいとき役に立つ。私は、自宅のライブラリー設計の参考にした。

ヴィクトリア・ハーガン
http://www.victoriahagan.com/

白い空間づくりが得意な女性デザイナー。クラシックでエレガント、品のいいイメージが身上。

ジェイムズ・ラディン
http://www.jamesradin.com/

映画『恋愛適齢期』『ホリデイ』のインテリアデザインを担当。上質で安らぎ感ある空間を提案している。

ローズ・ターロー
http://www.rosetarlow.com/

古典的＆心地よい家づくりが持ち味。アイボリー、ベージュ使いが巧みで、少ない色で温かみある部屋に。

レイチェル・アシュウェル
http://www.shabbychic.com/

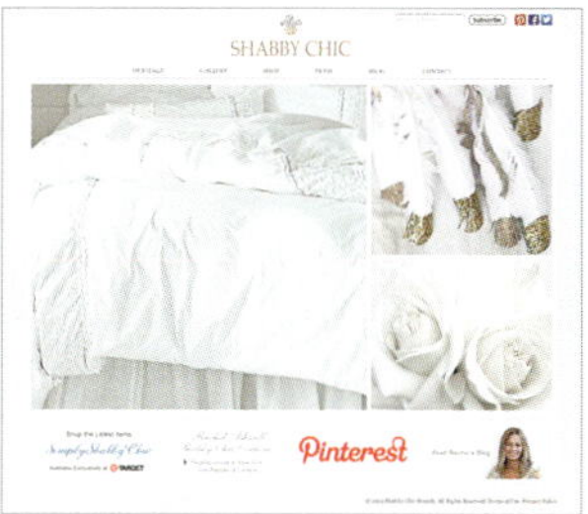

ロマンチックで女性らしいインテリアを提案するデザイナー。淡いトーンの可愛らしい色使いがきれい。

マシュー・パトリック・スミス
http://matthewsmyth.com/

鏡の使いかた、家具や調度品の選びかた、部屋ごとの壁の変化など、ディティールに繊細さが光る人。

ルーシー・アラン
http://alandesignstudio.com/

ヨーロピアンテイストが特徴。フェミニンな色使いで、ロマンチックな雰囲気のインテリアを設計。

マリエット・ヒンズ・ゴメス
http://www.gomezassociates.com/

クラシックなアメリカの描きかたが上手。シンプルだけど、壁、ドアノブの選びかたなどが参考になる。

FAVORITE INTERIOR DESIGN BOOKS AND WEB SITES

HOW LIGHT YOUR ROOM

TO

PART 4 ライティングを考える
何を照らしてどこに影をつくるか

光の選びかた／照らす方向／光量

部屋を照らすライティングは、ムードをつくりだす最大の武器です。たとえ家自体、部屋自体は狭くても、家具はすべて格安のものでも、ライティングさえ工夫すれば、部屋の雰囲気は確実によくなるからです。

ひとつの明かり×５つの明かり

日本人にとって部屋を照らす方法は各部屋にひとつの光源、ひとつの明るさであることが主流です。大体は天井にひとつ照明をつけて、その明かりで隅々まで明るく照らします。一方、欧米の家を観察すると、最低〝５つの光源〞があります。①天井を照らす光、②壁を照らす光、③装飾用の光、④本を読んだり勉強したりするためなどの目的別の光、⑤キャンドルの光、です。しかもすべての明るさは、個々に調整できるよう、それぞれに調光器をつけていることが多いのです。日本は「隅々までまんべんなく照らす」のが照明の目的ですが、欧米では「影をつくって立体感を生み出し、使う目的、ほしい雰囲気によって明るさを調節する」のが目的となっています。

私の自宅とスタジオは、欧米式に光源は５つです。天井に吊るしているのはペンダントライト。全体の雰囲気をつくるための照明器具です。次に部屋全体が明るく見えるよう、天井からユニバーサルタイプのピンホールダウンライトで、〝壁や柱〞を少しずつ照らしています。壁や柱が暗いと、人間の目はそこを空間として認識することができず、部屋が狭く見えてしまうからです。夜になって飾っている絵が見えないのもさみしいので、絵を照らしながら壁を照らしている、という効果もあります。さらに好みのデザインのランプを探してきて、光を飾りのひとつとしても使用しています。

IS

ひとつの部屋にひとつの光源、ではなく、欧米の家のように「５つの光源」を意識してライティングを考えると、部屋に明るいところと暗いところができて、立体感とニュアンスが生まれる。

そして、食卓の上では料理をおいしく見せたいので、料理を照らすのにちょうどよいよう、また食卓では子どもが勉強をしたりもするので、ダウンライトを調光すればかなり明るくなるようにしています。さらに、ガラスブロックにも、光を当てる目的のためだけにダウンライトをつけています。そして最後に、キャンドルの光。こちらはいろんなところに、その場所に合ったキャンドルスタンドを配置して、落ち着いた雰囲気を出すようにしています。ときどき遊びに来た友だちが「外国みたいだね〜」と言ってくれるのは、おそらくこの〝5つの光源を使いわける〟ということを常に意識してライティングを考えているからかもしれません。

HOW TO LIGHT YOUR ROOMS

PART 4

ライティングを考える

何を照らしてどこに影をつくるか

蛍光灯、LED、白熱球、ハロゲン

日本では蛍光灯やLEDの〝白い光〟が主流ですが、欧米ではまだまだ白熱灯、ハロゲンランプの〝黄み・赤みのある光〟が多く使われています。これは青白い光を日本人が好み、黄色いキャンドルのような色を欧米人が好むからなのかもしれませんが、私は個人的に、バーやレストラン、ホテル、美術館のような雰囲気が好きなので、蛍光灯やLEDは使っていません。トイレもキッチンも、白熱灯かハロゲンランプです。確かにLEDだと少々電気代を節約できるかもしれませんが、せっかく心地よい家をつくったのに、青白い蛍光灯やLEDで部屋全体を煌々《こうこう》と照らしてしまうのはもったいない気がします（LEDがどんどん進化して、ハロゲンランプと同じような温かい光を表現できるようになったら、そのときは交換するかもしれませんが、現時点では『光の温かみ』という点で、電球色LEDでもその差は大きいです）。落ち着いた雰囲気をつくりたいという方は、蛍光灯でも電球色を、リフォームでダウンライトなどをつけるならば、照明器具屋さんに見学に行き、よく納得してから選ばれることをおすすめします。照明には、すべての雰囲気を覆す力があるからです。

デンマークの照明にひとめぼれ

天井から下げるペンダントライトやシャンデリアにもさまざまなデザインがあります。IKEAなどのインテリアショップに行くと、手に届くプライスでいろんな照明器具があり、どれも日本のマンションや平屋にも合う、シンプルなデザインが多いように思います。

旅をして、いろんなホテルや教会に行って、さまざまな照明器具を見てきましたが、「恋に落ちてしまった〜！」と思った照明器具は、ルイスポールセンのアーティチョークがいちばんかもしれません。出張先のホテルのダイニングにたくさん下がっていたのですが、寒い冬、それはまるで朝の太陽のように優しく、ふうわりと全体を照らしていました。必要以上に主張するでもなく、心地よい存在感で天井からぶら下がっていたのです。それから、アーティチョークを製造しているルイスポールセンの照明器具や他の北欧ブランドを見てきましたが、どれも「シンプルで温かい」という共通点があります。直線の多い日本の建物とこれら照明器具の曲線デザインとのバランスは、とてもよいような気がします。

ほかにもベネチアングラスやアメリカのデザイン照明にもさまざまなものがあり、選ぶポイントは人それぞれですが、いずれにせよ、天井から吊るすシーリングタイプはどれくらいの大きさが最適か、よく吟味しましょう。また、ペンダントライトであれば、テーブルから50㎝ほどの高さまで下げても美しいということを知っておくと、照明のバリエーションが広がって楽しいですよ。

家の照明をいますぐ変えるには

落ち着いた雰囲気がお好みなら、台所やトイレも含め、蛍光灯照明の電球を白熱色にしてみましょう。パナソニックや東芝などメーカーによっても色みが違いますので、どの色が好みか、よく見て購入することも大事。また天井用の照明にもランプ用にも、後からつけられる簡易調光器（ライトコントローラー）が売られています。仕事や勉強をするときは明るく、ごはん会をするときや深夜は暗くしてキャンドルを灯せば、ぐっと大人の雰囲気をつくり出せます。また可能であれば、壁にかかっているポスターや絵にスポットライトを当ててみましょう。これだけで部屋が広く感じられるだけでなく、ギャラリー風になります。

スタジオのメインルームも、「５つの光源」でニュアンスを出している。１天井を照らす光＝大きなペンダントライト、２壁を照らす光＝絵や柱に当てたピンホールダウンライト、３装飾用の光＝カウンターの上のペンダントライト、４目的別の光＝本を読むときなどに使うスタンド、５キャンドルの光＝ダイニングテーブルやキャビネット上のキャンドルと、それぞれタイプが違う明かりを駆使。

DAY

自宅のダイニングの昼間の光景。窓からたっぷり光が入るうえ、ダイニングテーブルの左側にあるガラスブロックからも光が採れるので、北向きの部屋でもこんなに明るい印象。

NIGHT

夜は一転、天井の大きなペンダントライト、絵に当てたユニバーサルタイプのピンホールダウンライト、キッチンの小さなペンダントライト、スタンド、キャンドルという5つの光源が交わって。ひとつの部屋に、光に照らされた部分と影があることで雰囲気が出る。大きなペンダントライトは、テーブルの中心にくるように吊るすのが普通だが、少し大きかったので、圧迫感のない位置にずらした。

壁と絵は、角度が変えられるユニバーサルタイプのピンホールダウンライトで照らしている。ライトは、天井の壁から60㎝くらい離した位置につけるのがポイント。近すぎると、天井の近くにしか光が当たらず、また遠すぎると、光が弱くなってしまう。

わが家の照明のイメージ

照明デザインが大好きなホテル、パークハイアット東京に何度も通って（笑）、可能な限りそのシックな雰囲気を真似してみました。特に参考にしたのは、ロビーへと続く41階の通路のライティング。わが家では、天井には最小限の穴をあけ、ピンホールダウンライトで狭い空間を照らしています。壁や柱はユニバーサルタイプのダウンライトで、絵などのバランスを見て角度を決め、照らしています。電球はすべてハロゲンランプで、調光器をつけ、明るくも暗くもできるようにしています。

自宅の玄関のライティング。上の戸棚の内部にミニハロゲンランプを埋め込んで、絵画と置物を照らしている。ちなみにこの仏像は上海で買ったもの。飾るなら、上からの光がほしいと思い、このような方法にした。

絵と照明

「絵画に照明を当てる」というと、とかく「絵をまんべんなく照らさなければ」と考えがちです。でも、家は美術館ではないので、絵全体をライトアップする必要はありません。目的はあくまでも、絵と柱を照らし、部屋に陰影をつけること。ダウンライトの角度を調節して、絵の「見せたい部分」だけに光を当てるようにします。壁の一部を照らしたら、そこにたまたま絵がかかっていた、という感じになるのが理想ですね。こうして壁に光のニュアンスを出せば、空間がぐんと洗練されて感じられます。

夜は(写真上)、絵と壁にポイント的に光を当てることで、陰影が生まれる。また、ガラスブロックに光を当てて、キラキラさせているのもカギ。

壁から60㎝ほど離したユニバーサルタイプのピンホールダウンライトで、絵と柱を効果的に照らす。人の目は、光が届く範囲を「空間」と認識するので、コーナーごとに光を持ってくると、部屋がグンと広がって見える。

自宅のライブラリー。背表紙が美しい本だけを並べて、その背表紙をピンホールダウンライトで照らすよう設計した。参考にしたのは、新宿のホテル、パークハイアット東京のライブラリー。ライティングの効果で、お酒を飲みたくなるような、大人っぽい空間が出来上がった。

コンセントとスイッチ問題

コンセント、スイッチ、配線などの電気関係のパーツが目立つと、どうしても生活感が出てしまいます。１ヵ所に集める、デコレーションでカモフラージュするといった努力も、美しいインテリアを完成させるためには不可欠です。

スイッチ類は１ヵ所に集めてすっきりと

コンセントやスイッチなどは、なるべく視界に入らないようにしたいもの。スタジオでは、エアコンや床暖房のスイッチは、多少不便でも、部屋の１ヵ所に結集させて、集中でコントロール（写真左）。また調光器もデザインがシンプルできれいなものを選びました（写真右）。

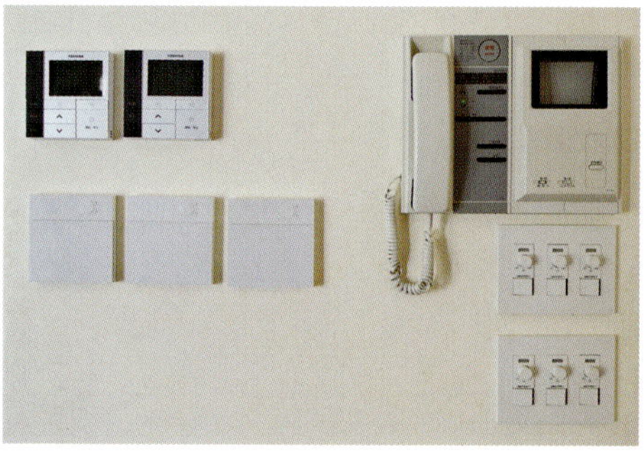

調光器／神保電器

ミニ額で囲んでカモフラージュ

自宅では、インターフォンやスイッチを１ヵ所に。デジタル感をなくすために周囲に小さな絵を配置しています。額装をゴールドにそろえて、統一感を。

調光器のすすめ

照明は目的によって明るさを調整できるのが理想です。たとえば仕事をしたり、本を読んだりするときは明るく、食事をしたり、お酒を飲むときは暗くというように。あると便利なのが、ライトの明るさを段階的に調節する器具、調光器。リフォーム時に組み込むほか、後から買ってつけられる、簡易タイプの調光器を利用するのも手軽。

POINT

絵や柱のライティングには可動式のユニバーサルタイプ

天井に取りつけるピンホールダウンライトにはいろいろなタイプがありますが、私が好きなのはこの２つ。ひとつは、光が動かないタイプ（写真左）、もうひとつが、光を動かすことができるユニバーサルタイプ（写真右）。絵画や柱を照らすときは、ユニバーサルタイプのダウンライトを設置して、光の角度を調整します。

ピンホールダウンライト／山田照明

ライティングを考える RULES

RULE NO.1

立体感のある部屋づくりのために、5つの光を取り込む。

日本人は各部屋にひとつの照明を設置し、それひとつで部屋の隅々まで照らそうとしがち。天井を照らす光、壁を照らす光、装飾用の光、目的別の光、キャンドルの光。この「5つの光源」を意識すると、ニュアンスのある空間に生まれ変わる。

RULE NO.2

心地よいインテリアには、温かみのある黄色い光を取り入れる。

実は「光」にも性格がある。蛍光灯やLEDの白い光で仕事や勉強をするのはグッドアイデア。でも部屋全体を煌々と照らしては、心地いいはずの家が、事務的な空間になってしまう。白熱灯、ハロゲンランプの温かみのある光で、ほっとする空気感を演出して。

RULE NO.3

光の量を調整して、雰囲気づくりに励む。

「常に同じ光の量」で365日、生活をしている人は多い。けれど、照明の光量をいつも同じにするのではなく、仕事や勉強なら明るく、ごはんやホームパーティーのときは暗くというように調節するほうが楽しい。調光器を上手に活用する術をマスターしたい。

RULE NO.4

壁を照らすライティングをフルに活用する。

スポット照明はライティング演出の名脇役。壁にかけた絵にスポットライトを当てれば、ギャラリー風のシックな空間が完成。人の目には光を当てた壁が「空間」と認識されるため、部屋の隅々を照らすと、部屋が広がって感じられるというメリットもある。

LAMPS LIGHTING EQUIPMENT

インテリアを彩るライト

わが家にもスタジオにも本当にさまざまなライトがあります。ひとめぼれしたライト、旅先から持ってきたライト……とそれぞれに思い出もたくさん。デザインされたライトは美しい！

出張先のデンマークでひとめぼれしたのがコレ！　デンマークのデザイナー、ポール・ヘニングセンがつくった名作。PH アーティチョーク 銅 60㎝／ルイスポールセン

右のライトの色違い。白を選ぶと、より現代的な雰囲気に。PH アーティチョーク 48㎝／ルイスポールセン

デンマークのアンティーク。金属部分がチューリップ形で可愛らしいけれど、甘くなりすぎないところが気に入っている。

ポール・ヘニングセン作のペンダントライト。ペンダントは下の台の中央にくるように配置。PH 3/2 ペンダント／ルイスポールセン

クラシック感がありつつも、クロムメッキとの組み合わせでモダン。PH 3/2 テーブルランプ シルヴァー・クローム／ルイスポールセン

デンマークで出会い、頑張って持ち帰ってきたランプ。パンテラ テーブルランプ／ルイスポールセン

小さなスタンドと同じ、ポール・ヘニングセンデザインのフロアライト。PH 3 ½-2½ フロアランプ／ルイスポールセン

上のスタンドの色違い。PH 3/2 テーブルランプ ブラック・クローム／ルイスポールセン

同じ部屋にある大理石のテーブルと、マットな素材感が似ていたのでチョイス。LEDからワット数の低い白熱電球に替えて使用。OJ フロアランプ／ルイスポールセン

自宅キッチンのカウンターに設置。イタリアのルミナ社製ガラスのペンダントライト。ガリレオ ミニ 12㎝／ルミナベッラ

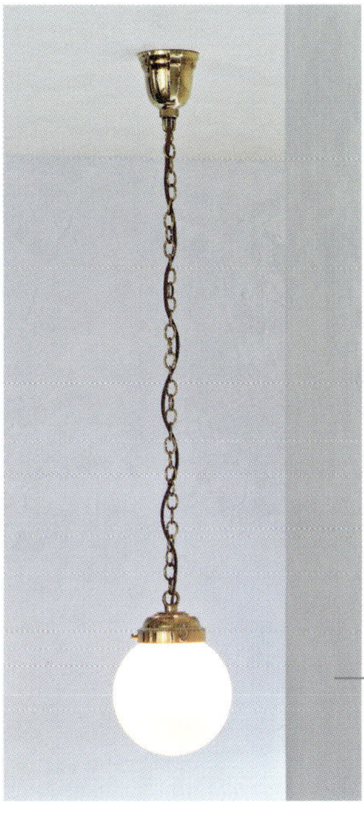

ゴールドのペンダントライト。チェーンの長さを調節して、テーブルから50㎝と低めに設置。ペンダント1860P／ワッツ

HOW T
DECOR
YOUR
WINDO

PART5

窓を効果的に使う

〝額縁〟として考える

WINDOW

窓、カーテンをどうするか

日本の場合、窓という窓にカーテンがかかっていることが多いですが、欧米では窓は外と繋がるためのアクセスポイントと考えられているようで、カーテンは最大限、開けられています。デンマークに行くともっと顕著で、表から見える窓にカーテンがかけられていることは、ほとんどありません。むしろ、窓の外は絵と同じように、家の価値を高められるものとして考えられていることが多く、窓辺に一番美しいペンダントライトやキャンドルなどを飾ります。

カーテン VS. ロールカーテン VS. ローマンシェード

日本の場合は南向きの家が多く、物理的に直射日光が当たるから閉めている、という方も多いかもしれませんが、賃貸物件を探すにしても、分譲マンションを購入するにしても、〝窓から見える風景は絵画〟という感覚を持つと、イメージ上の居住空間がぐっと広がります（欧米では窓からの景色で、物件の値段も違ってきます）。たとえ狭い部屋でも、窓の向こうに公園や木があったら、そこは自分の空間。窓を〝額縁〟として考えると、四季折々変化してゆく景色を絵画として楽しむことができます。窓の縁を額として考えた場合、カーテンレール、レースカーテン、厚手のカーテンをつけてしまうと、窓周りにスペースを取られてしまいます。ロマンチックなイメージの部屋にするためにカーテンをつけたいこともありますが、狭い空間には、ローマンシェードやロールカーテンなどが最適です。これらは省スペースであると同時に、見せたくない上部だけを隠し、見えて

PART5

窓を効果的に使う

“額縁”として考える

もいい下部は窓の向こうの風景を生かす、ということが可能だからです。そうなるとベランダに植木やランプなどを置いて、リビングから続くスペースとして活用し、居間の空間を広げることができます。私の自宅やスタジオでは、窓の向こうに広がる風景を見せたい場合はロールカーテンに。そうでない部屋には、シンプルなレースのカーテンを常時たらしています。

ロールカーテンを選ぶときのポイントは、東向きなど朝から強い光が入る場合は「遮光」タイプを、西向きで夕方から暑い光が入る場合は「遮熱」タイプを選ぶことです。また雰囲気を出すために、ロールカーテンやローマンシェードを二重にし、インテリアのアクセントカラーとなる色を生かすのもおしゃれです。さらに、西向きの暑さ対策には、遮熱+もう一枚、の二枚づけをおすすめします。わが家では加えて〝よしず〟をベランダにかけ、若干暗くはなりますが、真夏の暮らしに工夫をこらしています(笑)。

窓からの風景を「絵」ととらえると、窓枠は「額縁」。額縁=窓枠がアルミでは、ヘンに目立ってしまい、絵=風景が引き立たたない。ところが、窓枠を白くペイントするだけで、同じ風景がおしゃれに見えてくるから不思議。また幅の細いモールディングをつけてヨーロッパ風にすれば、さらに「額縁」はランクアップ! こうして「借景」が日々変化する一枚の風景画として完成する。

窓枠を塗る

窓枠と言えばアルミというのが定番ですが、カーテンでいつも窓枠を隠さない私にとっては、あまり魅力的な色ではありません。窓枠を絵の額として考えたら「アルミの額」ってどこか安っぽい感じがします。できることならば木の枠、それが無理ならば白や焦げ茶など、自然を感じさせる額のほうが、絵を見せるにはふさわしいと思います。というわけで、初めてリフォームしたときは自分で塗ってみました。最初はドキドキしましたが、アイボリーの油性ペイントをホームセンターで買ってきて、自分で養生テープを貼り、ハケで塗りました。いやあ、これは素晴らしい結果をもたらしました。パリやニューヨークのような白い窓枠になると、その向こうがおしゃれに見えてくるのです。お金のかからないリフォーム。でも、大きな意味のあるリフォームでした。

自宅のリビング（写真下）は、遮熱タイプと簾《すだれ》風の２枚のロールカーテンを選択。カーテンが見えなければ、窓がすっきりして、風景を丸ごと自分のものにできる。一方、スタジオのブルーの部屋（写真右）は、北欧カントリーな雰囲気にしたかったから、レースのカーテンを。ただし、カーテンレールは場所を取るので、マジックテープカーテン＋遮光ロールカーテンにしてコンパクトに。

どの方角の部屋に住むか？

賃貸にするにも、家を購入するにも、どの方角の家を選ぶか？　ということは大切です。日本では日の当たる南が最適の方角とされていますが、それは縁側や軒下など、奥行きのある屋根で日を遮るスペースがあるという前提。ベランダもなく、直射日光が入ってくるようなダイレクトウィンドウタイプの場合、冬も夏も、かなり暑くなるのを覚悟しなくてはなりません。一方、北という方角は嫌われているものの、眺望がきれいな可能性が高いのは北向きの利点（さらに、日光が建物に当たるのでその照り返しで、十分明るかったりします）。また、東の方角は、朝はまぶしくても午後からは涼しくなるという利点があり、西向きは夕方まで快適という利点があります。私の自宅は北西、スタジオは南西ですが、北西の部屋は意外と直射日光が入らず過ごしやすいな、というのが住んでみた感想です。

ロールカーテンのバリエーション

省スペース、かつ窓の「見える範囲」を自在に調節できるロールカーテンは、狭い部屋に最適。遮熱、遮光などの機能性タイプも取り入れて、快適な空間づくりを。

CLOSE UP

遮熱ロールカーテン＋簾風ロールカーテン

遮熱ロールカーテン（ロールスクリーン ソフィー　シルバースクリーン N5732）／ニチベイ、簾風ロールカーテン（タチカワロールスクリーン ラルク ビター RS5090）／タチカワブラインド

OPEN

CLOSE

遮光ロールカーテン＋レースカーテン

遮光ロールカーテン（タチカワロールスクリーン ラルク ミント RS5432）／タチカワブラインド

〝光〟と〝温度〟を調節して快適に暮らす

一般的にはあまり知られていませんが、遮光カーテン、遮熱カーテンは、もっと活用してほしいアイテムです。遮光カーテンは、文字通り「光を遮るカーテン」。閉めると光が入らなくなるため、朝日が入る東向きの部屋で安眠したいときに向いています。そして遮熱カーテンは、「熱は遮り、光は通す」性質があるので、西向きで暑さが気になる部屋におすすめです。わが家では、リビングは、窓に近いほうに遮熱ロールカーテン、その内側に簾風ロールカーテンを。朝の光が気になるスタジオのブルーグレーの部屋は、遮光ロールカーテンの上からレースカーテンをつけています。

マジックテープカーテンでコンパクトに

カーテンレールをつけると、窓から最低でも８㎝は飛び出すことになり、すっきり感がなくなってしまいます。そこでカーテンの上部にマジックテープをつけて、窓枠に止める形に。マジックテープごと洗えるのも魅力です。

カーテン　リネン風ナチュラル色 AZ-6568／ザ・コンランショップ 新宿本店

POINT

窓枠を塗るひと手間で雰囲気が変わる

窓を「風景を縁どる額縁」にするためには、ペイントするのがいちばん。塗るというと、「大変なのでは……」と思いがちですが、油性の塗料をハケで塗るだけ。作業は１日もあれば終わります。年月がたって剝げてきたら、また塗り直せばいいのです。塗料の色はアイボリー系がおすすめ。ツヤがあるペンキのほうが汚れにくいようです。

油性塗料／アサヒペン

窓を効果的に使う

RULES

RULE NO.1

窓から見える風景を、絵画として考える。

見たくない風景もあれば、心地よい風景もある。窓から見える景色が「絵画」だとすれば、窓枠は額縁。その絵画をきちんと味わうには、額縁をカーテンで覆い隠してしまわないこと。窓から見て心地よいもの、そうでないものを区別して考えて。

RULE NO.2

窓枠はアルミで妥協しない。

額縁である窓枠がアルミ製では、少々雰囲気に欠ける。木の枠、もしくは白、茶色といった自然の色が理想的。枠がつけ替えられない場合には、自分でアイボリー色などにペイントしてしまうのもひとつの手。窓風景をグレードアップする窓枠の色の効果について、きちんと考えよう。

RULE NO.3

窓のまわりはすっきりさせて、居住空間を広くする。

カーテンレール＋レースカーテン＋厚手のカーテンをつけると、窓まわりにスペースをとられすぎてしまう。カーテンの存在で、居住空間を狭くしてしまったらもったいない。すっきりさせるため、スペースを取らないロールスクリーン、ブラインド、ローマンシェードも選択肢に。

RULE NO.4

窓まわりの光と熱をコントロールする。

暑さや眩《まぶ》しさ対策に、ハイテク素材の遮熱、遮光カーテンを利用すれば、家の快適さが段違い。また、熱、光の影響が最小限になるので、家を選ぶときに、方角をあまり気にしなくてもよくなる。 窓まわりはまぶしい、暑いと、あきらめてはいけない！

RULE NO.5

〝南信仰〟に執着しない。冷暖房の進化を考えて、住む方角を決める。

日本人は、日の当たる南向きの部屋が好きだが、ベランダのないダイレクトウィンドウだと、実は冬でも暑すぎる。さらに最近の冷暖房設備も考えれば、それほど「向き」にこだわる必要はない。直射日光が入りづらい北西向き、午後から涼しい東向きなども検討対象にすべき。

COLUMN2

テーブルコーディネートを楽しむ

学生時代からOL時代、みなさんがスカートや靴を買っている頃、私はせっせと食器を買っていました（笑）。というわけで、こちらもコツコツ集めたコレクションです。和食器もたくさんあるのですが、ごはんを食べにくる方が多いときは、セッティングに統一感があって、印象がすっきりするので洋食器にお箸を組み合わせることも多いです。

食器を集めるならば、私は「定番」をおすすめします。個人的には珍しいものが好きで、新しいデザインのものを集めたりしたのですが、いかんせん食器というものは割れる。ところが、そのシリーズが廃番になってしまっては買い足しができないというのがネックとなります。

食器初心者ならばまずはIKEAなどで、６セットずつの24㎝、19㎝ほどの器、そしてワイングラス、フォークとナイフをそろえてみることをおすすめします。大きな器でも１枚300～400円で売っていますし、デザインもシンプルでいいと思います。どんなテーブルであったとしても、きちんとテーブルセッティングをすれば、お客様を呼ぶことがとても楽しくなります。テーブルの上に、花とキャンドルがあれば、さらにワクワク感が増すことでしょう。

器を選ぶときのポイントですが、１セットだけを買うならば、やはり白が料理を引き立てるということを意識して選ぶといいかもしれません。私の場合、それらの白い器をゴールドの飾りプレート（広島のアンデルセンで購入）の上にのせ、あえてクロスを使わないスタイルでセットすることが多いです。

食器の基本は、どんな料理にも合う白。壊れたときのことも考え、買い足せる定番ものがベスト。この白い皿は、ジノリのミュージオホワイトの24㎝と19㎝。すっきりシルエットのグラスはイッタラ。

PATTERN2

スカラップ柄が愛らしい器を主役に

チェリー材のテーブルに合わせたセッティング。ロイヤル コペンハーゲンのプリンセス・バーガンディのプレート（現在は廃番）を重ねた、女子会向け（笑）のしつらえ。

PATTERN1

セダンな北欧食器でセッティング

スウェーデンのロールストランド クビントの器で清潔感を。この器は朝食に、パスタを入れてと、さまざまなシーンに活用できます。パターン1、2とも、グラスはリーデル。

PATTERN1

伊万里でゴージャスに

アンティークの伊万里、ローゼンタールの白い皿、ゴールドの皿で大人っぽく華やかに。グラスはスピーゲラウのアディナ。

PATTERN2

ゴールドをリフレイン

1と同じゴールドの皿の上に、ローゼンタールの白い皿、リモージュのアンティークを重ねて。バカラのボリュームのあるグラスと。

PATTERN1

部屋の壁と器をマッチさせて

ブルーグレーの壁の部屋には、ブルーの器でセッティング。ロイヤル コペンハーゲンのブルーファン（現在は廃番）とバカラのグラスが、大理石のテーブルに似合います。

PATTERN2

ガラスの器を使って涼やかに

器を替えると、ムードがガラリと変化。ロイヤル コペンハーゲンのブルーフラワー、ティファニーのガラスの皿、ローゼンタールの大皿で、涼しいイメージ。グラスはバカラ。

HOW T CREAT YOUR KITCH BATH, TOILET

PART6 キッチン・バス・トイレ ひとつの部屋として考える

「雰囲気」を大切にする

アメリカのおうちで一番驚いたことは、キッチン、バス、トイレなどの水回りも、部屋のひとつとして飾られていることでした。日本だと、ほかの部屋は考えられたライティングで素敵に飾られていても、キッチン、バス、トイレは機能のことを中心に考えてつくられているので、どうも「雰囲気」というものがありません。

自宅をリフォームするとき、キッチン、バス、トイレともに、リビングと同じカーペット、同じ塗り壁で統一しました（アメリカの家ではよくあることです）。もちろん汚れるのでこまめに掃除や除菌をしなくてはいけないし、「シミと共に生きる！」と覚悟しなくてはなりません。けれど、床を分断せずに「続き間」にしたことで、空間をかなり広く見せることが可能になりました。

“自分仕様”のキッチンに

キッチンに関しては、最初はスペースにちょうどいいサイズのシステムキッチンを入れようと、外国も含め、いろんなメーカーを見て回りました。私は料理をよくしますから、どれくらいの鍋、ボウル、道具、家電がどこにあれば便利か？　ということをいつも考えているのですが、既製のシステムキッチンには問題がありました。まず、外国製は大きすぎる、そして高すぎる。一方、日本製は使う人の視点より、つくる人の視点に立ってつくられている、と感じました。

たとえば引き出し。大きすぎても不便だし、深すぎても不便です。お箸やスプーンを入れるところは浅くていい。スパイスは入れるところに困るから、コンロわきのスペースはお盆などを入れるより、塩、砂糖、

PART6 キッチン・バス・トイレ
ひとつの部屋として考える

スパイスなどの調味料ラックにしたほうが使用頻度は上がる。扉収納は腰をかがめて使わなくてはいけないから、引き出し収納のほうがいい。キッチントップの幅が広いと空間が狭くなるので、必要最低限の幅に収める。ボウルや鍋は、分類して入れられるように引き出しを分けたいし、家電は外に出ていると生活感があふれてくるので隠したい――。

自宅のキッチンはスタジオのキッチンと比べるとミニサイズで、全体で４帖あるかないか。でもこれで十分。２人歩けるスペースを残して、あとはセンターテーブルとスツールを置きました。このスペースは、簡単な食事やパソコンで仕事をするときに便利です。キッチンの上には最低限のものしか置かないようにしていて、すべて引き出しにバンバンしまい込んでいます。生活感の出る家電、炊飯器（といっても、わが家は鍋で炊いていますが）から、フードプロセッサー、ミキサー、トースターに至るまで、一括で収納できる電気コードつきワゴン収納もオーダーしました。

まずはいつもゼロにして、それから出してしまう。キッチンをきれいにするには、シンプルなことですが、この繰り返ししかありません。

ちなみに自宅キッチンの冷蔵庫もアイボリーの扉でつくった収納の中に入れて、同じアイボリー色のＧＥ製の冷蔵庫の存在感をなくしました。スタジオのキッチンでは、扉を後づけできるエレクトロラックス製の冷蔵庫を選んで、家具の一部にしました。日本のメーカーの場合、スマートフォンで操作できるとか、引き出しがたくさんわかれているとかの細やかな機能はたくさんあるのですが、シンプルかつカラーバリエーションが多いものがない、というのが現状（海外製だと同じ白でも真っ白、アイボリー、グリーン系の白など、バリエーションがあります）。家電はまだまだ家具の一部になっていないのかもしれません。

デザインがよく使いやすい、ビルトインガスコンロと、電子レンジオーブンを選択。コンロ（DELICIA GRILLER フラットメタル　水なし両面焼きグリル）、電子レンジオーブン（電子コンベック）／東京ガス

冷蔵庫は木の扉につけ替えられるタイプに。冷蔵庫（SCS81800FO）／エレクトロラックス・ジャパン

SPOON & FORK

バスは収納と合わせて考える

日本でお風呂といえばユニットバスがほとんどですが、少しでも質感のいいものを求めようとすると、お値段もかなりの金額になります。なんとか低コストでバスのリフォームができないかなぁと探しに探し、自宅のお風呂にはユニットバスの上から薄い大理石を貼ってもらい、湯船自体は外国のバスタブ風に真っ白に塗装をしてもらいました（P80 右下）。大きめの鏡を貼って広さを演出し、照明器具に調光器もつけて、ゆっくりキャンドルでもつけて入りたいときは（実際にはほぼゼロですが。笑）、暗くもできるようにしました。

スタジオのほうのお風呂は、シンクや洗濯機がある場所と風呂場の高さをそろえ、間にガラスを挟むことで空間を広く見せる工夫をしました（P80 上）。同時に、洗濯機は高さのないエレクトロラックス製のものを収納に組み込み、その上に人工大理石のカウンタートップをつけて全体を引き出し収納にしました（P80 左下）。日本の洗濯乾燥機はかなり大型化しているので、収納といっしょに考えるというのは少し難しいかもしれません。

「住みたくなる」トイレ

トイレは、人生の大部分を過ごす大切な場所です。だから私はいつも、「住みたくなるトイレ」を目標に、インテリアを考えます（笑）。自宅のトイレはサイザルのカーペットにして、狭い空間を広く見せるために大きなスペイン製の鏡をつけています（P79）。また〝トイレギャラリー〟ではありませんが、いろんな絵を飾っています。自宅トイレの金具類はすべてブラス（つやのある金色）なので、絵の枠にも金を選び、統一感を出しています。またカーペットは固く絞った雑巾で拭き、水回りはピカピカになるよう、こまめに掃除をします。

スタジオのトイレは、壁をペールグリーンの色に塗りました（P78）。フランスのラデュレのインテリアや色のスタイリングが好きなので、ラデュレの色みを左官屋さんに見せて、色をつくっていただきました。「こんなふうにしたい」という目標があるときは、かならず「これ」という明解な指定をすることが大切です。「きれいな薄めのグリーン」という伝えかたでは、受け取る人の感覚が千差万別で伝わらないため、「この本の、この表紙の色」などと、明解な指定をする必要があります（これはトイレだけでなく、すべてにおいて言えることです）。

トイレで欠かさないのは、一輪の花とアロマかお香です（P78）。掃き溜めに鶴、ではありませんが、汚いとされるところだからこそ、美しく飾ることが大事かな、と思っています。

映画『恋愛適齢期』にインスパイアされてつくった、スタジオのキッチン。天板はシーザーストーンというクォーツ（水晶）でできた石。普通、戸棚の色がアイボリーなら天板もアイボリーにするところを、カーペットと同系統になるように、あえてグレーブラウンに。このように天板＆カーペット、壁＆戸棚の側面など、平行に色合わせをしていくと、つながり感が出る。

シーザーストーン（Raven）／コンフォート

KITCHEN

「キッチンも
ひとつの部屋」を
体現した空間

キッチン、家全体のリフォーム
／スペースワーカー

鍋とボウル類は引き出しに収納。ツールの大きさを測って、ぴったりのサイズに設計して合わせた。

スパイス類も、サイズを合わせてつくった、スライド式の細長いラックに収める。

スライド式収納の背板の部分にコンセントを設置。家電製品のコードをつないだ状態にしておくことができて便利。

フードプロセッサー、ミキサーもスライド式収納に入れておけば、スムーズに取り出せる。炊飯器も収納可能。

グラス、和食器のサイズに合わせた戸棚。見やすく、美しく整理され、しかも使いやすい。

乾物などは、ブリキの缶にラベルをつけて整頓。袋に入れて保管するよりも、どこに何があるかひと目でわかる。

部屋感覚で壁や金具を決める

スタジオのトイレは、ラデュレを参考にした、ペールグリーンとゴールドの世界。金具は磨き仕上げのブラスにして、鏡もゴールドでそろえました。また、トイレは狭く、暗い空間なので、手を洗うシンクは小さくして、その分、スペースを広げたいというのが私の考えかた。そして便器はいかにもトイレというホワイトではなく、オフホワイトにして、水圧が低くてもよく流れるブースター付きを。前に立つと、音がして自動的に蓋が開くものは、便器に意識が集中するから選びませんでした。

シンク、水洗／セラトレーディング
ブースター付き便器（サティス）／LIXIL

TOILET

長くいたくなる心地よさを目指す

リビングと同じサイザル敷物を敷いたり、リビングとつながり感のあるライティングにしたり、本棚を設けたりと、「住みたくなる空間」を目指した自宅のトイレ。大きな鏡をつけ、絵を飾ったほか、トイレっぽく見えないよう、タンクにタイの古布をかけ、金具、鏡、スタンド、額縁はすべてゴールドに統一しています。壁のミニ額に入っているのは、中国の豆皿。額をやすりで削ってアンティーク風に仕上げ、赤い色をさし色にしています。

スタジオのバスルームの金具は、シルバーで統一。鏡をつけて広く見せ、また外灯用のユニバーサルタイプのピンホールダウンライトで鏡を照らして反射させ、光の効果も狙っている。
浴槽（アリア モンデーヌ）／セラトレーディング

バスまわりのリフォーム／スペースワーカー

乾燥機つき洗濯機の高さに合わせた、アイボリーの収納戸棚。奥の引き出し式クロゼットはタオルや洋服を入れるスペースにして、洗濯・乾燥→収納という作業が１カ所で終わるようにした。

自宅バスルームは、知恵をしぼってユニットバスをリフォーム。浴槽は浴槽用の塗装で白く塗り、外側に薄い大理石の板を貼ってもらった。金具はシルバー、鏡で広く見せるというのは、スタジオのバスルームと同じ考えかた。
浴槽用塗装／全国リグレーズ工業会

BATH

キッチン・バス・トイレ RULES

RULE NO.1

キッチンもバスもトイレも、部屋の一部として考える。

キッチンやバスに機能だけを求めるのでは、もったいない。たとえば床を同じカーペットやフローリングにしたり、リビングと似たような照明にしたりして「続き間」感覚にするといったアイディアは有効。雰囲気が出るうえに、家全体が広く感じられる。

RULE NO.2

リフォームの際、システムキッチンは最良の選択か検討する。

必要な器具や食器、収納は、人によって違うもの。使い勝手のいいキッチンを手に入れたいなら、既製のシステムキッチンではなく、細かいところまで考え抜いて、自分にフィットするキッチンをつくり上げるのもひとつの方法。自分に必要なものを見直して工夫しよう。

RULE NO.3

キッチンカウンターの上に出ているものは最低限にする。

キッチンをすっきり片付けるコツは、ものを出しておかないこと。収納場所をつくって、使ったら必ずそこにしまう。その繰り返しこそが、片付いたキッチンの原則。グッズをセレクトする審美眼がある人なら、ごちゃごちゃ置いても美しいが、それは高度なセンスが必要と心得て。

RULE NO.4

お風呂のインテリアを、予算であきらめない。

お金がかけられないから、新しいユニットバスが買えないからと、おしゃれなバスルームをあきらめるのはまだ早い。ユニットバスの上から大理石を貼る（質感）、塗装する（色）、照明器具に調光器をつける（照明）といった工夫で、雰囲気のあるバスルームが手に入る。低コストで快適なお風呂をつくる方法を探そう。

RULE NO.5

住みたくなるトイレを目指す。

人生の多くの時間を費やすトイレ。よって心地よいトイレのインテリアの演出は大切。「いかにもトイレ」な内装ではなく、ほかの部屋と同じように壁や床の色・質感、金具、デコレーションに力を注いで、「住みたくなる空間」に。汚いとされる場所だからこそ、美しく飾ることが肝心。

HOW
DECO
YOUR
HOUS

PART7

家の飾りかた
絵画、グリーン、花

家のイメージを左右するものに、さまざまな〝装飾物〟があります。なかでも存在感を発揮するのは金具類（ドアノブ、家具つまみ、水栓金具など）、絵と額装、絵の下の置物、観葉植物、そして切り花です。どれを選ぶにも、実はある一定のルールが必要です。ルールなしに「きれいだから」と集めていたのでは、部屋全体の統一感がとれなくなり、ごちゃごちゃした印象になってしまうからです。

金具類を選ぶ

金具類は、ファッションでいえばアクセサリー。イヤリングとネックレスをシルバーで統一するか、ゴールドにするかは、けっこう重要な選択です。最近の賃貸、および分譲マンションは、壁の色も真っ白が多いため、ドアノブ、水栓、つまみを含めてシルバーの金具が主流です。モダンな家具に合うので、20代、30代のスタイルにはピッタリかもしれません（モダンデザイン家具は、フレームなどがシルバーであることがほとんど）。ただ年を重ねると、アクセサリーと同じで、ゴールド、およびアンティークゴールドも落ち着きが出ておすすめです。私の場合、自宅は、磨いた感じのピカピカしたブラスの金色で統一しています。一方、スタジオは落ち着いたトーンのアンティークブラスにしていて、バス回りだけは、すべてクロームのシルバーで統一しています。

PART7 家の飾りかた 絵画、グリーン、花

絵を額装する

不思議なことに、壁を白のままで残しているより、絵をかけたほうが、空間が広がります。絵は、別世界へ繋げてくれる「窓」のような存在だからです。私が絵を選ぶときは「どんな絵や色が家に合って、家の中と外を繋げてくれるのか？」という観点で選びます。若い頃からたくさんの美術館に通ったので、自分がどんな絵が好きか？　どんな色が好きか？　ということはわかっています。特に好きなのはシャガール、マティス、ゴッホ、モディリアーニ、セザンヌ、ロートレック、東山魁夷、藤田嗣治です。美術館に行くときは、有名な絵を見に行く、というのではなく、「どんな絵を家に置きたいか？」という感覚で美術館を歩きます。なので、すごいスピードでぐるっと全体を見て回ったら、もう一度「好きだ」と感じた絵の前に戻って、何で自分はこの絵が好きなんだろう？　と考えます。最初の１回は駆け足で、次の１回は近づいたり離れたりして、じっくり絵といっしょに過ごします。

自宅には野崎義成さん、スタジオには工藤村正さんの絵と共に、コペンハーゲンやパリの骨董屋さんで探してきた絵が並んでいます。野崎さんの絵は、人物のかもし出す雰囲気が好きです。工藤さんはシンプルな線の躍動感に強く惹かれます。自宅のキーカラーは赤なのでどこか赤のある絵を、スタジオのキーカラーは青なので青が入っている絵を中心に集めています。

好きな絵と出会うには、まずは絵に接してみるしかありません。ファッションの審美眼を磨くためにお店を歩き回るのと同じように、ぜひデパートの展覧会などに立ち寄ってみてください。どこかで好きな絵にきっと出会います。買えるかどうかということは大事なことではありません。自分基準の審美眼を磨くことで、いつか掘り出しものの、ほしい絵に出会えるのです。

そして絵にとって、実は同じくらい大切なのが額装です。よい美術館に行くと、額自体が美術品になっているほどです。額を選ぶには、ネットショップも便利ですが、最終的には絵を持っていって、どの額が合うか、自分の眼で相性を確かめることです。それでも出来上がった額が「なんだか金ぴかで部屋から浮いた感じがするな」と思ったら、細かいヤスリで金の部分を磨いてわざと剝がした

絵画、置物、花で飾った自宅のコーナー。右側の絵は、自宅のアクセントカラーである赤の背景がポイント。画家の野崎義成さんにお願いして、合う絵を描いていただいた。

り、シート状の金箔を接着剤で額につけたりします。こうすることで、絵そのものにもオリジナリティが生まれます。

壁に合う絵がほしいけれど、いい絵が見つからないというときは、まず壁に合う額装を先に選び、次に骨董屋さんでバラ売りしているアンティーク洋書の絵を何枚か買って、コラージュするのもおすすめです（P90）。レプリカばかりでなく、オリジナルな本物を持ち込むことで、部屋にクラス感が生まれます。

絵×置物をコーディネートする

置物はファッションでいうと、ベルトみたいなものです。絵だけを飾っても、なんとなく締まらなかった空間に、花瓶、像、あるいは絵などを下に置くと、ピリッとした空気感が生まれます。昔の日本家屋には「床の間」がありましたが、掛け軸を掛け、その下に壺やお香立て、一輪の花を置くと全体が締まるのと同じ考えかたです。

自宅はアジア風で赤がキーカラーのインテリアなので、絵の下にはタイや上海の骨董屋さんで見つけた仏像やブータンの漆器盆を置いています。スタジオのほうでは、絵の下に椅子やシンプルな形の花瓶を置いたりしています。

観葉植物を取り入れる

観葉植物は選びかた、置きかたによっては、とても素晴らしい装飾物になります。ただ、ケアをしてあげなくてはいけないので、何を選ぶかはとても重要です。私が育ててみたり、友人のおうちで見て素敵だな、と思ったものは、ウンベラータ、ストレッチャー、モンステラ、パキラ、セローム、クワズイモ、オーガスタ、ケンチャヤシ、プラキキトンなどです。ネットで検索して形や育て方を見て研究してみてくださいね。あまりにもたくさんあると、今度は南国風になるので、さじ加減は大切です。

切り花の力

切り花が一輪あるだけで、その空間には命が生まれます。不思議なくらいのパワーを持っているので、私は必ず玄関に一輪、トイレに一輪飾ります。家に帰ってきたときに「おかえり」、トイレに入ったときに「元気かな？」と声をかけられているような気分になります。ついついお得なブーケになった花を買ってしまいますが、一輪だけの美しさはまた格別なもの。ぜひ、お花屋さんで買って、飾ってみてくださいね。

色と雰囲気が気に入っている、アメリカ在住の画家、工藤村正さんの絵。絵に使われているブルーを拾って、額装にもブルーを取り入れ、アクセントカラーのブルーとそろえている。

HINT!

額装を絵のテイストに合わせると、クラスアップ。ブルーの絵とマッチするグレーの額を選び、金箔を貼りつけ、アンティークっぽく加工した。

自宅和室のデコレーション。ベトナムのドゥ・クワン・ドンさん作の大きな絵を中心に、左右対称に小さなアート、下には置物と観葉植物を配置してバランスよく。左右のアートは、中国の骨董屋さんで買ったもので、昔の赤ちゃんの衣類を加工したものなのだとか。

（左）自宅のアジアイメージの飾りかた。アクセントカラーの赤の絵、鉄器に生けたグリーンのアジサイを組み合わせて。絵は野崎義成さん作。（右）スタジオのヨーロッパ調装飾。絵はいずれもフランスのアンティークショップで買ったもので、左の絵の中のブルーと右の額のダークブルーをリンクさせ、コーディネート。

キャビネットに花とキャンドルを飾り、ヨーロッパテイストのコーナーに。花は色とりどりにせず、1種類1色にしぼったほうがシックなイメージに。おすすめの色は白やグリーン。

アジア風コーナーづくりのカギは観葉植物と仏像。観葉植物を選ぶときは、ホテルなどで、植物そのものより、植物と置いてある空間とのバランスを観察すると参考になる。

HINT!

植物の根元にモスを敷き詰めて、土を隠すようにすれば、全体がグリーンでまとまる。

観用植物、壁のゴールド飾り、スタンドの明かりが三位一体となって、快適なコーナーが出来上がる。

自宅のライブラリー。棚の上に置いたハゴロモジャスミンと、赤いキャンドルが本棚のアクセント。

HINT!

インテリアにリズム感やニュアンスを出したいとき、役立つのがハゴロモジャスミン。高い位置に置き、ツルを長くたらして。

自分で額装してみる

アンティーク洋書の絵も、ひと手間加えることでワンアンドオンリーな一点に！　額縁は高級感を出しやすい油絵用を選び、ヤスリをかけてアンティーク風に仕上げて。

用意するもの

絵、縁として使う紙（ここではともに、フランスのアンティークショップで買ったものを使用。今回は縁を囲んだが、絵をそのまま使用してもOK）、油絵用の額。

額／ジンプラ

1 絵のセンターと額の背板のセンターを合わせる。背板の大きさに合わせて絵をカットする。

2 カットした絵を、額の裏からはめ込んで、大きさが合っているかを確認する。

3 縁の紙を額のガラスに当て、「ここまで使う」という幅を決め、裏から爪で印を（線を引いて）つける。

4 縁の角の部分が絵の角に、また3でつけた印が絵の上端にくるようにのせて、バランスを見る。

5 位置を決めたら裏に返して、絵と縁の紙をテープで仮留めする。

6 5の裏から背板を当てて、不必要な部分を見わけるために、絵の上端と左端に沿って、鉛筆で線を引く。

7 6で引いた線に沿って、はさみでカットする。これで絵の上と左側となる縁ができる。

8 残りの縁用の紙の右上角を、絵の右上角に当て、4〜7の手順で右の縁をつくる。下も同様に。

9 4辺の縁をのりで絵に貼りつけ、額に収める。角が重なる部分は線がきれいに重なるように。

10 600番の紙ヤスリで、額の下地の赤い色が出てくるまでこすり、アンティーク風に仕上げる。

ブーケをもらったら

お花をもらうのはうれしいけれど、色とりどりすぎてあまりおしゃれに見えない……というときは、思い切ってアレンジ。身近な器を活用して、家のあちこちに置いて。

ARRANGE 1

ARRANGE 2

ARRANGE 6

1 ダイヤモンドリリーのまわりにリーフを巻き、一輪挿しへ。
2 エピデンドラムに、ツルのあるシュガーバインをあしらう。
3 バラ、リュウカデンドロン、エピデンドラム、ダイヤモンドリリーを皿に低めに盛る。
4 グラスに 2 種のリュウカデンドロンを生け、アンセリウムのリーフを巻いてホチキスで留めたものをあしらう。
5 グラスにダリアを生け、花びらをまわりに散らす。
6 キャンドルスタンドの片方にバラを入れる。
7 グラスに巻いたリーフを入れ、余った花を束にして中に。

ARRANGE 3

ARRANGE 5

ARRANGE 4

ARRANGE 7

季節のデコレーション

イベントのデコレーションもインテリアに合わせてひと工夫。クリスマスツリーなら、ゴールド系のオーナメントやベージュのベアを飾り、部屋のゴールドの装飾にマッチさせて大人っぽく。ライトも LED でなく黄色っぽい光のもので温かみを。

金具の素材を合わせる

ドアノブ、取っ手などの金具の色や質感をそろえるだけで、部屋全体に統一感が生まれるので、疎かにしないで。思い立ったらすぐに取りかかることができる「いちばん小さなリフォーム」です。

落ち着きを表現できるアンティークブラス

スタジオの金具は、アンティークブラス（アンティーク、もしくはアンティークっぽく加工した真鍮《しんちゅう》）で統一しています。映画『恋愛適齢期』のインテリアに使われた金具がアンティークブラスだったことと、少し古い感じにしたかったことから選びました。ブラス ノブ＆フック、ジェイマックス、ゴーリキアイランドなどのショップで探すことができます。

大人っぽい雰囲気のゴールドのブラス

一方、自宅の金具は、ゴールドの磨き仕上げのブラス（ピカピカに磨かれたゴールドの真鍮）でそろえています。ドアノブや取っ手をつけ替えるのは実はとても簡単で、自宅は全部自分で行ったほど！　上記のショップで、1個300～400円で買えるので、いくつか取り寄せ、バランスを見ながら替えてみるといいでしょう。

家の飾りかた RULES

RULE NO.1

金具の存在感を侮らない。

美は細部に宿る。ファッションでいえば、アクセサリーにあたる金具は、小さなパーツだけど、色、質感を統一することで、全体の雰囲気をガラリと変える力を持つ。シルバーが主流だが、大人っぽくしたいなら、ゴールドやアンティークゴールドもおすすめ。

RULE NO.2

壁に傷をつけることを恐れず、家を飾ってみよう。

壁は白のまま残すより、絵をかけたり装飾物を飾ったほうが、空間も広がり、インテリアがランクアップする。どんな絵や鏡がいいかわからないときは、美術館で「自分なら、どの絵を家に置きたいか?」と考えながら、たくさんの絵を見てみよう。

RULE NO.3

絵をかけただけで満足せず、額縁にこだわる。

絵の装飾としての成否は額装で決まると言っても過言じゃない。絵だけの存在感は70%。あとの30%は額装の力。額装が絵と合うのはもちろんのこと、自分が決めた部屋のアクセントカラーとマッチするか、判断しながら選ぶことが大切。額縁に金箔を貼る、ヤスリではがすといった工夫でオリジナリティを出しても。

RULE NO.4

置物の持つ力を意識する。

絵を飾っても、何となくぼんやりしている空間には、下に花瓶、像などを置いて空気感を引き締める。コーナーをつくるときには、日本の床の間と同じく、絵、置物、植物と3点セットでコーディネートすると、全体が決まりやすい。置物はコーナーづくりの重要要素だと考えよう。

RULE NO.5

部屋に生命のあるものを取り込む。

観葉植物や切り花も装飾の一部。選びかた、置きかたによって、素敵な空間を演出してくれる(ただし、あまり数が多いと南国風になるので、さじ加減は必要)。また切り花が一輪あるだけで、部屋が生き生きとした感じになる。生きているものを愛でてみよう。

COLUMN3

収納についての考えかた

実は私はだらしがないほうです。仕事をしているときだって、机の上にどんどこ書類が溜まっていきます。よって収納を細かくご紹介できるほど、きれいではないと確信を持って言えます（笑）。ただ、そんなアバウトな私が、きれいに住むために、徹底して守っていることが３つあります。それは「収納部屋をつくらない」「ものを持ちすぎない」そして「定位置を決める」ということです。

収納部屋をつくらない

友人の家におじゃまして、パターンとしてひとつ見えてきたのが、「陽の当たらない暗めの狭い部屋は、収納部屋になっている」ということ。たとえそこが４畳半でも５畳でも大切な空間。だけど、そこに昔のおもちゃにベビーカー、いらないコートや特売で買ったティッシュ、バスタオルとシーツと紙袋の山にゴルフバッグ３つなど、たくさん入っていたりする。「とりあえずここに入れておこう」と収納して、その後忘れられたものがほとんどです。外国で言えばガレージみたいなものですが、それは土地も安い国だからできる贅沢。

というわけで、私は収納部屋はつくらないことにしました。部屋を１つ無駄にするくらいなら、きちんとお金をかけて目的別の収納棚をつくることにしたのです。本棚はみんなの本が入るように大きめのものを１つ。背表紙のきれいな本はジャンルごとに分類して入れる。下の棚には背表紙がきれいでないもの（笑）、子どもにも場所を配分。それ以上になったら、選んで人にあげるか捨てる。CD は数が多いので、やはりジャンル別（ジャズ、クラシック、ロック、ラテンなど）に分類して、棚に入れる。洋服はクロゼットに。食器は食器棚にと、それぞれ目的別に収納を分けています。唯一「何でも収納」というクロゼットもありますが（これはすべてのものの一時避難所みたいなもの）、それでも押し入れの半分以下の大きさ。あふれてくると、長女（９歳）が分類をはじめ、「ママ、エコバッグが10 個あるよ。いるもの３つ選んで」と選択を迫ってきます。集めていても仕方がない。ならば、選択して捨てるかあげる。その繰り返しがきれいな部屋をつくる基本となります（小さな子どもがいるから片付かないというのは、実は違うな、と欧米の家を見ても思いました。小さい子どもでも片付ける、きれいにするという教育が大切。私は娘たちが２歳くらいのときから、出したらしまうことを伝え続けました。今は私が怒られています）。

最近は無印良品、通販や IKEA で、CD 棚、ベルトラック、本棚、食器棚と用途別にあらゆる収納お助けグッズが売られています。まずは使わないものを捨てて（これが最初!）、次にどの空間に何を収納したら使いやすいかを考えてから、収納ラックを買う。そして収納し終わったら、すべて「定位置」と定めてくださいね。

ものを持ちすぎない

コンビニに行って、よく観察してみてください。ヒット商品しか置いてありません。人に買われないものを棚に置いても、場所代がかかるだけだからです。自分の家でも、「ものを置くことで場所代を払っている」という発想が大切です。ある友人の押し入れの半分のスペースに、安売りで買ったトイレットペーパーとティッシュペーパー、タオルとシーツがギュウギュウに詰まっていました。マンションの賃貸料をスペースで割って場所代を考えると、高価なトイレットペーパーたちです。うちには日用品は常に2個しかありません。1つなくなったら、補充してもう1つ買う。忘れないように携帯電話のメモに「洗剤」「ペーパータオル」などと入力して、スーパーに立ち寄ったときに買うようにしています。

洋服でも、夏と冬、必ず見直しをします。黒の新しいダウンコートを買ったら、古いものは友人にあげるか、捨てます。そうして洋服ラックも一定量を守り抜くことが、すっきり収納に繋がります。同じことはお皿にもグラスにも言えます。同じ漆器で新しいものを購入したら、昔のものは友人に。増えたからとギュウギュウに詰め込むのではなく、すっきりと収納することで使用頻度がぐっと増えます。「もったいない」と詰め込むことは、探す時間を増やすことなので、ぜひ、見直しをされてみてくださいね。

印鑑などをアイテムごとに引き出しに入れ、インデックスをつけている。

ワインラック。玄関からガラスブロック越しに透けて見えるように設計。

定位置を決める

ひとり暮らしのときは、ものの定位置など決める必要はありませんでした。まだ若かったし（笑）、なんとなくどこに何を置いたかを覚えているから、いろんなところにものを置くことができました。だけど家族が増えて集団生活になり、かつ記憶力が落ちてきたら、「定位置を決める」というのは最重要課題です。はんこははんこの引き出しに、鍵は鍵ラックに、次女の靴下は次女の靴下の棚に入れないと、常に私が探し係にならなくてはいけません。どうしたらいいか？　そのヒントは会社の総務課にありました。出張申請書は出張申請書の、交通費精算は交通費精算とシールの貼られた引き出しに入っています。一つ一つは大きな引き出しではなく、とても薄いもの。というわけで、わが家では無印良品の「アクリルケース、横型５段」を買ってきて、そこにシールで入れているものの名前を貼っています。引き出しはこんな感じで分類しています。

「はんこ／印鑑証明／朱肉」「切手／はがき／封筒」「母子手帳／診察カード／保険証」「香典袋／ご祝儀袋」「ボールペン／油性ペン」「えんぴつ／シャーペン」「ソーイングセット／ボタン」「運転免許証／パスポート／マイレージカード」「いろいろカード」

CDはジャンル、アーティストごとに分類して、取り出しやすくしている。

分類して入れたら、それ以外のものは入れません。さすがに「えんぴつ／シャーペン」と書いてある棚に、パスポートを入れる人はいません。まずはごちゃごちゃの引き出しの中身を全部出して、えんぴつはえんぴつで集めてみてください。使う数だけを残し、あとはあげるか捨てる（〝もったいない〟というコトバは、整理整頓では忘れる必要があります）。そしてひとつのジャンルをひとつの引き出しに。あとは入れているものをラベルに書いて貼れば、さあ、みなさまの家の総務課の出来上がりです。分類してしまうことは下着やタオルでも同じです。小さなスペースでいいから、家族ごとに分ける。定位置さえ決まっていたら、見つからないときは個人個人が引き出しの中から探せばよいのです。次女から「靴下は〜?」と聞かれても「さくらの引き出しに入っている!」と叫べば、自分が動く必要がありません（笑）。分類して必要な分だけ残し、あとは小引き出しに詰めて、ものの住所を確定する。おうちの事務員になった気分で、がんばってみてください。

おもちゃはふたつきの木の箱を定位置にして、〝出したらしまう〟を徹底。

COLUMN4

RIKA'S フェイバリットシングス

バッグや靴のコレクターになるチャンスはいくらでもあったはずですが、私が20代から集めてきたのは、CD（ダウンロードするより音がいい！　ジャケットも好き！　と思うので私はCDが好きです）、キャンドル立て、グラス、花瓶、銀のカトラリー、そしてお香やアロマグッズです。どれも旅をしたときにCDショップや骨董品屋さんに立ち寄ったりして集めてきたもの。だからひとつひとつ、思い出があります。

家に入ったときに一輪の花がありキャンドルがついていると、とても温かい感じがします。さらに心地よいジャズが流れていると、レストランのような気分に。いいものは口に触れたときに感じが違います。ウィスキーなんて、グラスで味が変わります。時には日常品にもデザインを。日常がアートになります。

すべてはこの椅子から始まった！ 20代半ば、ニューヨーク近代美術館で見たイタリアのデザイナー、マリオ・ベリーニのチェア。あまりの座り心地のよさに、「いつか自分の家にこの椅子を！」と夢見ていて、両親に嫁入り道具として買ってもらったもの。CAB／カッシーナ・イクスシー青山本店

MUSIC

音楽は空間のムードを変える！

音楽は空間の潤滑油。個人的には、キャンドル、花、お酒、音楽が空間の 4 大要素だと思っているので、生活に音楽は欠かせません。いろいろなジャンルの音楽を聴きますが、特にジャズが好きで、ごはんを食べるときや、深夜、お酒を飲むときによくかけていますね。

（上段左から右に）The Very Best of Cole Porter〈コール・ポーター〉、Kind of Blue〈マイルス・デイビス〉、The Melody at Night ,with You〈キース・ジャレット〉、（中段左から右に）Waltz for Debby〈ビル・エヴァンス〉、Quiet Nights〈ダイアナ・クラール〉、Chet in Paris vol.2〈チェット・ベイカー〉、（下段左から右に）We Get Requests〈オスカー・ピーターソン〉、Impressions〈クリス・ボッティ〉、John Coltrane and Johnny Hartman〈ジョン・コルトレーン、ジョニー・ハートマン〉

AROMA

お香やアロマオイルで芳しい部屋に

香りは人の記憶に残るもの。だからこそ、家に漂わせる香りは、大切にしたい。お掃除が終わった後、ごはんを食べ終わったとき、お客様を迎えるとき……など、いろいろなシーンでお香やアロマオイルを活用しています。白檀《びゃくだん》、沈香《じんこう》のお香、ラベンダー、シトラスのオイルが特におすすめ。

BACCARAT

お酒をおいしくする バカラのグラスたち

自分へのご褒美に買ったり、結婚のお祝いにいただいたり……とひとつずつ手に入れるうち、こんなに集まったバカラのグラス。手が大きいせいか、重みがあるものが好きで、持ってずしっとくると、お酒がおいしく感じます。深夜に「どのグラスでお酒を飲もうかな」と思う瞬間が何よりも幸せ。

CUTLERY

「シンプル」が美しい シルバーのカトラリー

私が愛してやまないもののひとつに、シルバーのカトラリーがあります。とりわけ好きなブランドが、ジョージジェンセン。デザインがシンプルで、日本の食器にも合うものが多いからです。シルバーは酸化して黒くなりますが、3～4ヵ月に1回、歯磨き粉で磨いて、大事にお手入れしています。

CANDLE

置くだけで空気感が変わるキャンドルスタンド

キャンドルスタンドを初めて買ったのは、留学中の20歳のとき。「成人の記念にアメリカで好きなものを買いなさい」と母が送ってくれたお金で手に入れたのです。以来、スタンドは、旅行に行ったときに買ってくることが多く、右端のオイルランプはアメリカで買ったもの、その他はデンマークのアンティークです。

お花大好き、花瓶も大好き！

VASE

骨董市でつい目に入ってしまう花瓶。生けるお花を想像しながら、形、特にカーブが美しいものを選んでいます。ストライプの花瓶はデンマークで買って大切にしていたもの。地震のとき、下の娘が「ママの大事な花瓶だから」と持って逃げようとして、ヒビを入れてしまった（笑）。そんな思い出もコレクションのひとつ。

JAPANESE STYLE

赤や黒の色合いが麗しい和の器

和食器の中でも、最近増えているのが、友人の菱田賢治さんの作品。片口、お猪口、おつまみをのせたい小さな器……どれもシンプルで美しく、和食だけでなく、洋食にも使うことができます。

椅子コレクション

私が昔から集めているものといえば、椅子です。絵画は私にとっては壁を「窓」にしてくれるものですが、椅子は壁を飾ってくれる「彫刻」のようなものです。有名な作家の作品であろうとなかろうと、どこかにフェミニンな部分を感じる、美しいフォルムの椅子が好きです。彫刻だとヘンリー・ムーアが好きなのですが、椅子もムーアの彫刻と同じく、シンプルでどこかに丸みがあり、温かさを感じるものを結果的には集めています。いろいろ買って発見したのですが、椅子やソファーを買うならば、布は絶対に汚れるという覚悟が必要です。革や合皮は汚れても味になりますが、布は単なる汚れ（笑）になります。というわけで、どうせお金をかけるのならば革か合皮がいい、それも黒や茶色の濃い色ではなく、ヌメ革色やオレンジ、ベージュなど、明るい色がいいな、というのが個人的な感想です。

華奢なウエストに憧れて購入した、アルネ・ヤコブセンの名作、フリッツ・ハンセン社のエイトチェア。ラッカー仕上げの合板が多いが、革の座面をセレクト。座り心地もよい。エイトチェア／フリッツ・ハンセン日本支社

ハンス・J・ウェグナーがつくったYチェア。映画『目撃者〜刑事ジョン・ブック』を見て、藤の張り地のアーミッシュ風チェアを試したら、座り心地が悪い（笑）！ そこで座り心地がいいYチェアを選びました。チェリー材のYチェア／カール・ハンセン＆サン ジャパン

やはりハンス・J・ウェグナーのデザインしたザ・チェア。ケネディ元アメリカ大統領が討論会のときに座り、「インテリジェントに見える」と言われたエピソードは有名。背もたれの下のほうに支えがないにもかかわらず、かけ心地は抜群。ザ・チェア／カール・ハンセン＆サン ジャパン

彫刻のように美しいフィン・ユールデザインの椅子（NV53／キタニ）。それこそ「清水の舞台から飛び降りる」つもりで買ったものの、翌日にはもう、娘に汚され、布の椅子はむずかしいなと学んだ（笑）。アンティーク製品。

デンマーク製のアンティーク。娘が座面でジャンプして一部破れてしまったが（笑）、今でも愛着がある一脚。

オーレ・ヴァンシャーの家具がほしかったけれど、高かったので、似ているものをアンティークで探した。ローズウッド素材で、張り地を布から革へ替えた。

アンティークのハンス・J・ウェグナーのイージーチェア CH27。例によって娘がジャンプしたり、インコがかじったりして穴が開いてしまった（笑）。でも、多くの思い出がしみ込んだ椅子。

スタジオにブルーグレーの壁の部屋を作ったので、椅子も美しいブルーの Y チェアをセレクト。
Y チェア／カール・ハンセン＆サン ジャパン

デンマーク製のアンティーク。小振りでも、体全体がすっぽり包み込まれる感じで、かけ心地がいい。

これもデンマーク製のアンティーク。軽くて、値段も適正、そのうえ芥子色が部屋のアクセントにもなる。

ゆったりと座れる大きな椅子がほしくて購入。ウォールナット材のブラウンの色みと曲線がきれい。

背もたれや肘かけの曲線が気に入った椅子。ブルーの張り地がきれいで、スタジオのさし色として活躍中。アンティーク。

TRAVEL TO SCAND

インテリア発見の旅

NAVIA

北欧への旅

小雪さんと弥生さんに出会ったのは、４年前。広告の撮影現場でお仕事をしているとき、小雪さんとお話をしたのがきっかけです。そのあと、お姉さんの弥生さんとわが家に遊びに来ていただくようになり、ごはんをつくりながらいろんなお話をするようになりました。

私たちを引き寄せてくれたのは食べものでしたが、「暮らすこと、生きること」に関して、感じること、考えることが似ていることに驚きを感じました。性別にかかわらず、そんな出会いはめったにないからです。味覚だけでなく、インテリアの趣味は３人ともほぼ同じ（笑）。ちょっとずつの違いはあっても「きれいだなぁ」と感じるものが同じなので、大好きなデンマークに３人で旅をすることにしました。

食事をしたり、骨董品屋さんで買い物をしたり、友人の家を訪ねたり、それは豊かな時間でした。二人の審美眼だけでなく、人間としての強さとやさしさ、そしてユーモアに触れる時間でもありました。いろんな人の住むアパートの窓を見上げながら、小雪さんが「窓に、住む人のセンスが出ているね」と言いました。弥生さんは「人生が窓から見えるって、すごいことだね。この人だったら話が合いそうだな!って窓もあるねぇ」と言いました。本当に、それぞれの窓には、その人の価値観が見えていました。かわいい置物が好きな人。クールな彫刻が好きな人。たくさんの旅をしてきたに違いない人。もし一人で旅をしていたら見えなかったことに、二人はたくさんの発見をもたらしてくれました。

「インテリアって、人生なんだね」と弥生さんは言います。これからも互いの積み重ねた時間を、部屋のあちらこちらにスパイスのようにまぶして、時の香りを感じる部屋を創っていけたらいいなぁ、そしておばあさんになっても、互いの家を行き来しながら、「これはあのとき買ったものだねぇ」と思い出話ができたらいいなぁ。

生活は文化

３人で旅行したデンマーク。いっしょに話をしているとき、絶対にデンマークが好きだなと思って、「行こうよ!」という話になったのですが、行ってみたら、二人ともやっぱり好きだった（笑）。弥生さんなんて、「まるで自分の故郷に帰ってきたような心地よさ」と感じるくらい、気に入ってしまったのです。

そのときはホテルではなく、ひとり暮らしの友人の家を借りて泊まりました。ところが、その家のインテリアのレベルが本当に高かった！　ダイニングテーブルの上にはペンダントライトが下がっていて、キャンドルが置いてあって。狭い家ながら、ベッドルームにはちゃんと収納をつくっていて、リビングには小さな本棚まであってと、おしゃれにきちんと整理されていました。

「日本の男の子では、ちょっと考えられない。壁に絵も飾られていたし」と、小雪さんが今でも感心するほどの完成度。それから３人とも「もっとデンマークのインテリアを見てみたい!」と意見が一致し、私の友人の家をいろいろと見に行ったのです。すると訪れる家、訪れる家、どこもスタイルがあって個性的で、「この家は家具が楽しい」「ここは照明が素敵」と、すっかり夢中になってしまいました。

「リビングやダイニングのような〝人が集まる空間〟をゆったり広く取っていたよね。心地よさをとても大切にして暮らしている感じ。それに、どの家でもインテリアのキーカラーが決まっていて、色がゴチャゴチャしていない。その効果を本当に実感できた」と弥生さん。

〝生活そのものが文化である〟〝美しく住まうことは、人生を豊かにする〟というデンマーク人の哲学を肌で感じ取った旅となったのです。

温かみとシンプルさ

「デンマークはそもそも街並みからしてきれい！　ビルの色、レンガの色、空の色……とすべてが計算されていて」。弥生さんの言う通り、コペンハーゲンは街全体がとても美しく、空港に着いた瞬間から「デザインされている」と感じました。本当の意味で文化度が高い国だと思います。

「空港の床材が組み木だったのも印象的。有名な彫刻家がつくった椅子が置いてあって、ゾーンごとに色がわかれているのよね。ここからしてセンスが違う！」と弥生さん。コペンハーゲンの人は、こんなふうに常日頃、徹底的に美しいものを見ているからこそ、美しい家に住みたいと考えるのではないかと思います。「美」を経験するチャンスが多いのですね。で、旅した私たちも、そういう美を垣間見るから、家にきれいなものをそろえたいという欲望が生まれて、お買い物してしまうというわけです（笑）。

デンマークの家具は、とてもシンプル。そして心地よさを追求しています。「デンマークのものと『和』の物は共通点が多いのよね。どちらも木のぬくもりを大事にしていて、華美でなく、ミニマム。それにデンマークの家具って、意外とコンパクトで、日本の家の中に置いてもマッチしやすい。置くことで、非常に大人っぽい洗練された空間になると思う」と弥生さんは言います。

うれしいことに、デンマーク人も日本が好きで、日本のデザインにインスパイアされたものがたくさんあります。「実際、デンマークのセンスのいい人の家には、『洋』だけではなく『和』のテイストが取り入れられていることが多い。仏像、花器、和風の絵……。スタンドも、シェードはヨーロッパっぽいのに、ボディは『和』だったり。障子みたいな仕切りをつくっている家もあったよね。そういえば、日本のデンマーク大使館では障子を取り入れていて、アーティチョークのランプと障子がよくマッチしていてびっくりしました（笑）」と弥生さん。

デンマークのインテリアやものが持つ、温かみとシンプルさ。日本の伝統的なインテリアやものに通じる要素が、日本人である私たちを惹きつけてやまないのだと思います。デンマークに行くと、日本を再発見します。

スタイルの見つけかた

デンマーク人の家を見ていると、みなそれぞれ「スタイル」があると感じます。ある程度ベースとなるスタイルを決めて、プラスα、ジャパンとか、ブータンとか、フランスとか、別のテイストを上手に加えるセンスが、上質なインテリアを生み出しているのです。

弥生さん、小雪さん、私の場合を見てみると、3人とも基本はデンマークだけど、私はアジアっぽさをプラス。小雪さんはフレンチテイストをミックスしているし、弥生さんはモダンクラシックなデンマーク。でも3人とも、いいなと感じるもの、好きだと思うものは、ほとんどいっしょ（笑）。小雪さんが壁をブルーに塗って素敵だったから、私の家の壁もブルーにしたり、弥生さんと私が、小雪さんに「この絵を買ったほうがいいよ!」とすすめたり。インテリアを考えるときに、お互いに影響し合っている関係です。

「それにしても、り香さんがよく言うように、インテリアは何度かつくって経験を積まないと、理想には近づかないね。親に『危ないから』と言われても、転ばないと本当にはわからないのと同じで、知識として正しいと知っていても、自分で咀嚼するには時間がかかる。私も、自分の大まかな好みはわかってきたけれど、ディティールの部分はこれから模索していくしかないなあ」と小雪さんは言います。

「旅をして、いいものを体感することは、スタイルを見つける早道のひとつ。だから『興味がある』と思ったら、実際に行ってみてほしい。すると、自分が本当にどういうものが好きかわかってくるから。インテリアが素敵な映画を見て勉強するものいいね。最初はストーリーを追って見る。次にインテリアを観察しながら見ると、いろんな発見があります」と弥生さん。2人とも、スタイルを見つけるための努力をしているのがわかります。

そしてもうひとつ、スタイルを見つけるには、自分が感動した空間を忘れないこと!　私が一番影響を受けたのは、20代の頃に訪れたアメリカの友人の家。壁がツルンとした質感で、しばらくは忘れていたのですが、数年前、ベニスで似たような壁を見て思い出し、自分のスタジオに再現したいと思ったのです。レストラン、ホテル……好きなインテリアの場所に行ったら、見たときの感動を覚えていて、同じものは買えないにしても、近いもので真似をしていけば、自分のものにすることができると思います。

丁寧に暮らす

デンマークで気づいたのが、「丁寧に暮らすこと」の大切さです。
小雪さんは言います。「私は、デンマークの人の暮らしぶりに影響を受けたなあ。人が来たら、おうちでケーキを焼いて食べるなんてことを、ごく当たり前にしている。日本にはものはいっぱい溢れているけれど、そういう豊かさは少なくなってきたかも……。家や暮らしに目を向けている人たちを目の当たりにして、新鮮に感じたというよりは、原点回帰したような感じでした」。確かにデンマークの人は、かまえず、当たり前のように、シンプルな材料を使って、さっとご飯やお菓子をつくり、家族や友人と楽しんでいます。『北欧からのやさしいお菓子』という本で紹介したように、集まってお茶をする、という時間をとても大切にしているのです。
「自分たちがどういうふうに暮らしていきたいかを、もう一度考えさせられた旅だったなあ。面倒くさがらずに、ひと手間かけることの大切さも教えてもらった。たとえ市販のおかずを買ってきたとしても、ご飯は自分で炊く、ものをきちんと収納して、出したものはまたしまうといったひと手間」と弥生さんも共感します。

ひと手間かけることは、実は簡単なのだけど、実行するところまでなかなかいかない。でも、それに慣れたら、「今日はお気に入りの器を出して、お茶してみよう!」なんて……楽しいと思いませんか?

日常的に美しいものを使うことも、暮らしを豊かにする要素のひとつ。だからわが家では、どんな器でも「普通に」使っています。確かに、割れると「ウーッ」となったりしますが（笑）、割って申し訳なさそうにしている子どもの顔だって思い出になります。それに私が大切にしているものは、子どもだって大切に扱うものです。
「割れないプラスチックのお皿で食事をするより、ずっと心豊かに暮らせるものね。私たちも、子どものときから、母にいいお皿を使わせてもらって、今日はどうやって盛りつけようかなんて、子ども心に考えたもの」と弥生さん。本当にその通りだと思います。

意識をすると、たとえば、〝この家のキーカラーは青だな〟とか、〝照明のスタイルはこうしているのね〟というように、美しいもののルールを発見することができます。「意識すること」こそが、美しいインテリアや暮らしの第一歩なのではないでしょうか。また3人で、いろんなところを旅して、いろんな発見をしたいと思います。

北欧インテリアの実例

パリやイタリア、アメリカに住む人のインテリアを見るのも好きですが、デンマークやスウェーデンの住まいかたは、何か不思議としっくりくるものがあります。いっしょに旅をした弥生さんが「私はコペンハーゲンに来たというより、帰ってきた、という気がする」と、言ったほど。北欧の人はシンプルなものが好きで、器の色にもブルーが多かったりするので、日本人の住まいや器への考えかたとどこか似ているのかもしれません。照明の考えかたにしても、今でこそ違っても戦前の日本は、陰影をとても大切にしていました（谷崎潤一郎さんの『陰翳礼讃』は、日本の過去の審美眼を振り返るのにおすすめです）。影を創りだすという価値観においても、私たちは似ているのかもしれません。

デンマークには何人かの友人が住んでいますが、みんな「居場所をHYGGE（ヒュッゲ）にすることが大事」といいます。〝HYGGE〟とは、訳すのが難しい言葉だそうですが、「人が心地よく集まることができる、居心地よい、温かい雰囲気」という意味のよう。確かにみんなの家にはキャンドルがあったり、花があったり、古いものと新しいものを組み合わせていたりしてとても、〝HYGGE〟（笑）です。家だけでなく、コペンハーゲンの空港カストラップにしても、とっても心地よい。木のフローリングに手すり。曲線を感じさせるカートに椅子。忙しい場所なのに、静けさすら感じます。椅子や家具、そして建築のデザインで、インパクトのあるものや新しいデザインというのはいくらでもありますが、何度行っても飽きのこない、何度使ってもどこか新しくて心地よいデザインというのは、そうカンタンにあるものではありません。これはきっと、心地よさを日常で体感したデザイナーにしか創り出せない域なのかもしれません。

センスのよさや、高価な家具だけが生み出すのではない、人の心が生み出す空間というものを、ご紹介します！

1アパートの2階部分を買い取って、中にらせん階段をつけたのだとか。木のフローリングと階段のトーンが同じ。2白い壁だったところに、おしゃれなプリントの壁紙を部分的にあしらって。壁とベッドカバーの色も同系色にして統一感を出している。3暗くなりがちなトイレの壁をイエローにして明るい雰囲気に。トイレの便器や手洗いシンクのデザインも限りなくシンプル。4仕事机のスペース。椅子をおそろいにするのではなく、あえて違うデザインで同じ質感のものを組み合わせている。

1

2

3

4

5

5 キッチンやダイニングのテーブルとは別に、ひとりで食べるときのための空間があるのは豊かさを感じさせる。ペンダントライトの低さも印象的。6 あまりテーブルを置く必要のない空間に、あえて置くことで心地よい雰囲気をつくり上げている。7 暖炉のまわりに、温かみを感じる籐のソファーを。アクセントカラーが青の空間なので、差し色が青の小物がいろいろ集められている。

6

7

8

9

10

8 ポール・ケアホルムのテーブルとアルネ・ヤコブセンのアリンコチェア。白い空間にあえて白い家具を置く、その白のバリエーションが美しい。9 ペリカンチェアの大集合。可愛らしい形の椅子には、ビビッドなカラーがよく合う。10 ピアノもインテリアの一部。テーブルと同じブラックだからこそ、統一感が生まれる。大人な白と黒の使いかたの例。

弥生さんと小雪さんのおうち

弥生さんは、凛として一本の筋が通ったような人です。だから見た目も凛とした美しさがあり、おうちにもどこか清々しい空気が漂っています。洋服のデザイナーでもある弥生さんが選ぶ色には、普通の人が思いつかない組み合わせがあります。モスグリーンのソファーに卵色の壁、ベージュの大人っぽいソファーにピンクのストライプクッション。服の配色を選ぶように、いろんな小物を選んでいきます。

一方、小雪さんは、フェルメールの描く女性のような、大人っぽい雰囲気を感じさせる女性です。でもお話をすると、と〜っても可愛らしい、ある意味、子どものように素直な人。だからおうちにもどこか可愛らしさと楽しさが漂っていて、遊びに行くとカーペットに寝っころがって、お話をしたくなります。二人は食べるのが好き、つくるのが好き、人のために尽くすのが好き、旅が好き、そして人が好き。だからいっしょに過ごしていると、毎回発見があって、学びがあります。いつも変化を求め、さまざまな仕事にチャレンジし、進化し続ける二人と、同じく進化し続ける部屋を行き来して時間を過ごすのは、素直に至福の時間です。

壁は光が当たるとほのかなパール感を感じるクリーム系のシェルカラー。白熱灯のランプの温かみとマッチしている。テーブルとチェアは曲線の美しさが選択の決め手。テーブルが普通の高さより４㎝ほど低いので圧迫感がない。

YAYOI'S HOUSE

まろやかな曲線の家具に囲まれ、美しく暮らす

「以前は、白で統一して、赤でポイントをつけた、モダンなイタリアンテイストの部屋に暮らしていたんですよ。でも、快適だけど落ち着かない。ホッとする感じがほしくて、行き着いたのが北欧スタイルです。この家に引っ越すとき、家具を新しくしようとお店を見ていて、『いいなあ』と思うのは、ほとんどがデンマーク製。デンマークのものが好きだということに気づいたんですね。デンマークの家具は、使いやすいのに美しい。木が多く使われていて、温もりがある。そういうところに惹きつけられます。

この部屋のコンセプトは『ホテルみたいな部屋』。キーカラーはグリーンで、ソファーはさわやかなセージグリーン。絵もグリーン系で、クッション、花瓶などの小物は、基本的に絵の中にある色を使っています。テーブル、チェアは直線と曲線のバランスが美しいものを選んで優しい雰囲気に。サイズを少しコンパクトにして、部屋に圧迫感を与えないようにしました。家具や内装には、り香さんの家や北欧の暮らしを見て、いいなあと思うテイストが取り入れられていて、たとえば照明やキャンドルなどはり香さんと共通しています。また、インテリアの本をたくさん読んで、全体の感じだけでなく、『こういう絵をかけたい』などと、細部にまでイメージを抱くようにしています。

私が普段から心がけているのは、『美しく生きる』こと。こまめに掃除をしたり、収納をきちんとしたり……。テーブルを拭いたついでに、冷蔵庫を拭くというように毎日少しずつ掃除していれば家は汚れませんし、ものをどこに置くかの〝アドレス〟を決めて、『出したらしまう』を徹底すれば散らかりません。こうしたひと手間をかけた暮らしこそ、昔からの日本の文化に通じる美しさがあると思っています」

弥生
YAYOI

モデル、ファッションディレクター、フィトセラピスト。18歳からモデルとして活躍。その後、アルバム『SUNRISE』でミュージシャンとしてデビュー。大人が美しく生きる「美活法」を発信し、支持を集めている。www.yayoi.cn

フリッツ・ハンセンのファウン（ソファー）、スワンチェアにイギリスの 60 年代アンティークのコーヒーテーブル、スパイダーをコーディネート。ルイス・ポールセンのランプやキャンドルの灯りが穏やかな表情を与える。グリーンのソファー、グレーベージュのカーペット、ベージュの椅子、クリーム系のシェルカラーの壁が調和。

窓辺にはソファーベッドがあり、絵の色に合わせたクッションが。ベッドの下の収納は、中に入れるものを決めてから、サイズを決めてオーダーしたという。左側に見えるテレビ台は、DVD がぴったり収まるように設計されている。

最近、日本の古いものを集めていて、この花瓶は九州で見つけたそう。またほとんどの食器が北欧などのアンティークだが、「和」も取り入れていて、染めつけや古伊万里をロイヤル・コペンハーゲンとさりげなく合わせたりしている。

KOYUKI'S HOUSE

北欧とフレンチが融合した、温かみのある住まい

「わが家のキーカラーはブルー。家具はオーク材を基本にしていて、それに合うブルーのものを集めてきました。リビングの壁は、り香さんと一緒にブルーに塗ったんです。飾ってある鏡も、もともとはシルバーだった縁をゴールドにペイント。手仕事は以前から好きで、ベッドをつくったり、家具を塗ったりしたこともありますし、この家でも冷蔵庫もブルーのシートを貼ったりしています。こうした時間はとても楽しいですね。

り香さんに出会ってから人生観が変わって、暮らしを大切にすることに目覚めました。家ってやっぱり人生の半分以上を過ごす場所だから、豊かに過ごしたい。り香さんとは、デンマーク好きということも共通していてそのためのアイディアをいただいたり、インスパイアされることが多いです。気づいてみたら、うちにある家具はほとんどがデンマーク製かもしれない。デンマークって、家で靴を脱いで暮らすというように、生活スタイルが日本と似ていて、家具も使ってみると意外としっくりくるんです。デザインが素晴らしいうえ、機能性も高くて、ものすごく考えてつくられていると思います。たとえばランプひとつとっても、いろいろな角度によって、そして昼と夜で違って見えて、表情がある。永遠に美しいものって、普遍的で飽きないでしょう？　そういう魅力があります。私はデンマーク家具に、柔らかなフレンチテイストのものを合わせるのが好きで、子どもがもう少し大きくなったら、白いレースのテーブルクロスをかけたりしようかなと思っています。

今の家は〝完璧〟ではなくて、何があるといいかなとか、何が合うかなと、ゆっくり考えている感じ。インテリアは、実際に暮らしてみないとわからないことがたくさん。だからこそ少しずつ吟味しながら、進化させていきたいですね」

小雪
KOYUKI

女優。モデルとして活躍後、1998年ドラマ『恋はあせらず』で女優としてデビュー。『ラストサムライ』『ALWAYS 三丁目の夕日』をはじめとする映画、ドラマに数多く出演。その存在感と透明感ある美しさとで、多くの人を虜にしている。私生活では2児の母。
www.koyuki.jp

正面に見えるのが、一緒に１時間くらいかけて塗った壁。オーク材のテーブル、ブルーのＹチェアと美しく調和している。好みのものが見つからず、半年間なしで過ごした末、「美しさ、大きさ、家に合うこと」から選んだランプは、ルイス・ポールセンのドゥー・ワップ。将来、ゴールドの部分が、いぶされたようなカラーに変わるのを楽しみにしているそう。

ホールにあるのは、スワンチェアと温かな光を放つパンテラ フロアランプ。左側の小さな椅子は、撮影用の小物だったのを、美術さんに水色に塗ってもらって、譲り受けた。背景の壁は、セザンヌの絵のグレートーンにインスパイアされている。

THE PAINTING AND THE CHAIR

絵に描かれているのは、デンマークの田舎の風景。お世話になっている家具屋さんの倉庫で見つけた。ダイニングとは色みの違うYチェアと共に飾ってコーナーをつくっている。キーカラーのブルーに合わせ、家の中にはいろいろなニュアンスのブルーが。

HINT!

ミラーの縁は、シルバーだったものをゴールドにペイント。また、冷蔵庫は、表面にカッティングシートを貼って、テーマカラーのブルーに統一。

COLUMN5

メンテナンス

人間のカラダと同じで、おうちにもメンテナンスは必要です。年齢とともに変化していくお肌や筋肉と同じように、おうちも年齢を重ねていくからです。細かいことでは、専門家に頼んで下水管を掃除してもらったり（マンションに住んでいれば、ちゃんと管理組合でやっているかをチェックしたり）、窓を拭いたり、お風呂のタイルが割れていたら補修してあげたり、といったことが大事です。年を重ねたおうちでも、その家が心地よい雰囲気をかもし出しているとしたら、それは住んでいる人が、家に愛をかけているからです。植物だって、絵だって、椅子だってケアが必要。木や革がカサカサに乾燥してきたら、私は油を塗って一生懸命拭いてあげるし、子どもたちにも拭いてくれるようにお願いします。すると今度は、子どもが家や家具を育ててくれるようになります。

10年を１つの単位として、全体を見直す習慣をつけることも大切です。外国の人たちは中古の家を買って、自分たちで住みやすいようにリフォームし、人生設計に合わせては住み替えていく住人が多いですが、日本人はまだまだ「家を買うのは一生に一度きり」という概念が強いからです。必要であれば部屋を区切って増やし、不必要になったら減らせばいいのです。子どもが独立したら、夫婦二人の生活になったら、そして一人の生活になったら、どのような空間が自分にとって心地よいか、そのときどきで少し立ち止まって考える必要があります。

家を大事にするということは、人生を大事に生きるということだと私は思います。インテリアが好きとか興味ないとかにかかわらず、どのような空間で生活をし、部屋に何を置くか？ というのは、その人の価値観そのものになります。高価なソファーやグラスを並べて満足の人もいれば、人が遊びに来て家具が傷つき、グラスが割れたとしても、楽しむことができる人もいます。人生において何が大事か？ その大事なものが集まる場所が家という空間なのです。私にとって大事なものは家族と友人なので、家族と友人が楽しく過ごせる空間が、「家」です。だからみんなが集まるテーブルは、ある程度きれいでなくてはいけないし、椅子も心地よくなければならない。そのために、毎日お掃除をし、汚くなっては（なります、なります！ 子どもが寝るまで、家はぐちゃぐちゃです）、定位置にものを戻し、時には場所を変え、ペンキを塗る必要があるところは、自分でホームセンターにペンキを買いに行き、そして塗るのです。メンテナンスは何事も人任せだと、高くついてしまうからです（笑）。

カラダと同じで、家もまとめてメンテナンスをしようと思っても、なかなかうまくいきません。お風呂にカビがびっしり生えてしまったあと、思うように取れないのと同じことです。なので、余力のあるときに、少しずつ少しずつ。パートナーや子どもにお願いしようと思ったら、かえってイライラが募るので、自分で少しずつ。時にはプロの手を借りてもピカピカを保つことは大事です。

私の夢は、おばあさんになっても、手をかけたきれいな家に住み、そこに人が集まってくれることです。ワインやチョコレートといっしょに、誰かが遊びに来てくれて、よぼよぼしながらキッチンに立ち、料理をし、重くなってしまった鍋を、誰かに食卓に運んでもらい、ワイワイいっしょに食べて、ついでにきれいにしてもらって（笑）、帰ってもらう。よい香りの立つ家でありつづけるよう、カラダといっしょにメンテナンスしていきたいと思います。

ENDING

最後に
ENDING

「り香さん、インテリアの本を出したらいいよー」そんなアドバイスを最初にくれたのは弥生さんと小雪さんでした。うちに遊びにくると「り香さんちのここ、おもしろいなー」「どうやってこうしたの?」「子ども部屋はどう考えるの?」といろいろ聞いてくれて、たくさん、考えるチャンスをもらいました。心地よい家はどんな家なのか、聡明な二人は、分析をしてコトバにしてくれます。出会ってから数年、いっしょにデンマークやフランス、京都を旅して、同じ場所に行っても、私が気づかないことを気づかせてくれ、そして本にする力をくれました。住まうことに興味を持つ人と旅をしたり、食事をしたりするのは、とても幸せなことです。同じように住まいに興味を持つ人は、不思議なことに、料理や子育て、そして人間関係に対しても同じような感覚を持つからです。互いの家を行き来しては、毎回新しい刺激をもらい、改めて人として、そしてそのセンスに惹かれます。家を素敵にするには、たった一人の力ではとても難しい。まずは刺激を与えてくれる人が必要で、自分が何に興味を持っているのか、発見させてくれるきっかけも必要です。いつもポジティブなパワーと、そして笑いを与えてくれる二人に、感謝です。

最初に「こんな構成はどうでしょうか?」とアイデアを練ってくれた講談社編集者の山本忍さん、「こんなところ、知りたい」と考えてくれたライターの入江信子さん、部屋に生命を感じるフラワーアレンジメントをしてくれた松島理恵子さん、洋書のように素敵なデザインをしてくれたデザイナーの奥村啓子さん、そしてカメラマンの青砥茂樹さん、ありがとうございます!

そしてそして、この本を手にしてくださっているみなさま、ありがとうございます。何回かめくっていくうちに、新しい発見があって、情報がお役に立てているとうれしいです!

Rika Yukimasa

SHOP LISTS

問い合わせ先リスト

[キッチン、バス製作ほか、
自宅・スタジオのリフォーム]

スペースワーカー
神奈川県横浜市南区六ッ川 1-668-1-506
☎ 045-714-1352　http://www.space-worker.com/

PART1　スタイルを決める

[素材・資料]

リビングデザインセンターOZONE
東京都新宿区西新宿 3-7-1　新宿パークタワー3～8F
☎ 03-5322-6500（代）　http://www.ozone.co.jp

[チェリー材の家具]

ウッドユウライクカンパニー
東京都渋谷区神宮前 5-48-1
☎ 03-5468-0014　http：//www.woodyoulike.co.jp

[家具ほか]

IKEA 船橋店
千葉県船橋市浜町 2-3-30
☎ 050-5833-9000　http://www.IKEA.jp
※三郷、港北、鶴浜、神戸、福岡店もあり。

[ローズウッドの家具]

ルカスカンジナビア
東京都港区南青山 6-3-10-201
☎ 03-3486-0558（代）　http://www.luca-inc.com

PART2　大きな面積から考える

[ラグ]

カーペットビスタ
http://www.carpetvista.jp

[サイザル敷物]

スプリングヴァレーコーポレーション
埼玉県川口市安行出羽 5-2-19
☎ 048-297-9103　http://www.s-v-c.com/

[カーペット]

サンゲツ（東京ショールーム）
東京都港区赤坂 1-12-32 アーク森ビル 3F
☎ 03-3505-3300　http://www.sangetsu.co.jp/

[ガラスブロック]

藤田商事㈱
東京都千代田区神田東松下町 23-1 フジタ神田ビル
☎ 03-5297-0171　http://www.fujitashoji.co.jp

[スタッコ壁]

㈱ニーノジャパン
東京都渋谷区千駄ヶ谷 4-19-14 4F
☎ 03-3404-2291　http://www.nino-jpn.co.jp

[フレーム、鏡]

エルジュエル
東京都港区麻布十番 3-10-12　シティ麻布 1F
☎ 03-5419-7751　http://eljewell-chandelier.com

[モールディング、タイルほか]

㈱アドヴァン
東京都渋谷区神宮前 4-32-14
☎ 0120-071-717　http://www.advan.co.jp

PART4　ライティング

[ライト]

ルイスポールセン（ショールーム）
東京都港区六本木 5-17-1 AXIS ビル 3F
☎ 03-3586-5341
http://www.louispoulsen.com

ルミナベッラ
東京都品川区東五反田 5-25-19 東京デザインセンター4F
☎ 03-5793-5931　http://www.luminabella.jp

㈱ワッツ
東京都港区南麻布 4-2-42 クオリア南麻布 2F
☎ 03-3473-0051　http://www.watts-web.co.jp

[ダウンライト]

山田照明㈱（ショールーム）
東京都千代田区外神田 3-8-11
☎ 03-3253-5161
http://www.yamada-shomei.co.jp

[スイッチプレート]

神保電器
東京都大田区東糀谷 2-1-18 東邦ビル羽田 5 階
☎ 03-5705-7392　http://www.jimbodenki.co.jp

PART5　窓を効果的に使う

[サッシ用のペンキ]

㈱アサヒペン
大阪府大阪市鶴見区鶴見 4-1-12
☎ 06-6930-5001（代）　http://www.asahipen.jp

[マジックテープカーテン]

ザ・コンランショップ 新宿本店

東京都新宿区西新宿 3-7-1 新宿パークタワー 3・4F
☎ 03-5322-6600　http://www.conran.co.jp

[遮熱ロールカーテン]

㈱ニチベイ（日本橋ショールーム）

東京都中央区日本橋 3-15-4 1F
☎ 03-3272-0445　http://www.nichi-bei.co.jp

[遮光ロールカーテン]

タチカワブラインド

東京都港区三田 3-1-12
☎ 03-5484-6100（大代表）　http://www.blind.co.jp

PART6　バス・トイレ・キッチン

[冷蔵庫、食器乾燥機、洗濯乾燥機]

エレクトロラックス・ジャパン

東京都港区海岸 3-2-12 安田芝浦第 2 ビル
☎ 03-5445-3363　http://www.aeg-electrolux.jp

[ガスレンジ]

東京ガス㈱

東京都港区海岸 1-5-20
📞0120-478-302　http://www.tokyo-gas.co.jp

[シーザーストーン]

コンフォート㈱

東京都港区白金台 3-2-10 白金台ビル
☎ 03-5798-3900　http://www.comforthousing.co.jp

[浴室塗装]

全国リグレーズ工業会

岡山県津山市中島 177-2
☎ 0868-28-3087　http://www.tbm-japan.co.jp

[浴槽、シンク、水洗]

セラトレーディング

東京都港区南青山 1-24-3 TOTO 乃木坂ビル
☎ 03-3402-7134　http://www.cera.co.jp

[便器]

㈱ LIXIL

東京都千代田区霞が関 3-2-5 霞が関ビルディング
📞0120-179-400　http://www.lixil.co.jp

PART7　家の飾りかた

[額装]

ジンプラ（東京ショールーム）

東京都渋谷区恵比寿西 2-11-11
☎ 03-3461-0401(代)　http://www.jinpra.co.jp

[ブラス金具]

ブラス ノブ＆フック

茨城県龍ケ崎市下町 5503-3
☎ 0120-864-862　http://www.jatialami.com

[フレンチアンティーク金具]

ジェイマックス

東京都目黒区駒場 2-16-4 玉木ビル1F
☎ 03-3466-1741　http://www.j-max.info

[真鍮金具]

ゴーリキアイランド (東京店 G.BOAT)

東京都渋谷区神宮前 5-49-1
☎ 03-3400-5501　http://www.gorikiisland.jp

COLUMN4 RIKA'S　フェイバリットシングス

[マリオ・ベリーニのチェア]

カッシーナ・イクスシー青山本店

東京都港区南青山 2-12-14 ユニマット青山ビル 1、2、3F
☎ 03-5474-9001　http://www.cassina-ixc.com

[フリッツ・ハンセン、ハンス・ウェグナーの家具]

フリッツ・ハンセン日本支社

東京都港区南青山 6-8-18 リヒトハウス
☎ 03-5778-3100
http://www.fritzhansen.com

[Y チェア]

カール・ハンセン＆サン ジャパン

東京都千代田区麹町 4-4-7　アトム麹町タワー 10 F
☎ 03-3265-4626　http://www.carlhansen.jp

[フラワーアレンジ]

フルール・フルーリール

千葉県市川市南八幡 4-4-5-502
☎ 047-314-0878

※こちらのリストにないものは、海外で購入したものやアンティーク、現在非売品となっているもの等です。ご了承くださいませ。

PROFILE

行正 り香
RIKA YUKIMASA

1966年福岡生まれ。高校3年からカリフォルニアに留学。ホストファミリーのための食事づくりを経験し、料理に興味を持つ。帰国後はCMプロデューサーとして活躍。海外出張が多く、さまざまな国で出会ったおいしいものを簡単にアレンジした料理が評判となる。長女かりん、次女さくら、インコのぴちゃん、夫との5人暮らし。2007年に会社を退社後、現在はウェブサイト『なるほど！ エージェント』の企画・制作にも携わる。主な著書に『行正り香の、ハイボールごはん。』（光文社）、『カクテルはいかが?』（講談社）などがある。

●ブログ「by 行正り香」http://ameblo.jp/rikayukimasa/

STAFF

撮影	青砥茂樹（インテリア）
	石澤真実（人物）
	行正り香、弥生（海外写真）
フラワーアレンジ	松島理恵子（フルール・フルーリール）
編集協力	入江信子
ブックデザイン	奥村啓子
取材協力	SNOW

行正《ゆきまさ》り香《か》のインテリア
心地《ここち》よく暮《く》らすためのルールとアイデア

2013年 3月14日　第1刷発行
2020年12月 1 日　第9刷発行

著者	行正《ゆきまさ》り香《か》
発行者	鈴木 哲
発行所	株式会社 講談社
	〒112-8001　東京都文京区音羽2-12-21
	編集部　TEL 03-5395-3447
	販売部　TEL 03-5395-3606
	業務部　TEL 03-5395-3615
印刷所	大日本印刷株式会社
製本所	大口製本印刷株式会社

ISBN978-4-06-218201-0